KB036676

내 인생 최고의 직업은?

내가 찾은 평생직업, 인포프래너

내 인생 최고의 직업은?

내가 찾은 평생직업, an / 인포프래너

송숙희 지음

Infopreneur
Information + Entrepreneur

이 책을

동생 송상호에게 드립니다.

오랜 시간 회사가 입혀준 안전복을 벗고

맨몸으로 다른 세상을 만나야 할 그에게

안전모가 되어줄 것이라 믿습니다.

몇 번이나 더 월급 받을 수 있을까,
회사 그만두면 뭐 먹고살지?

본명보다 닉네임 '빠숑'으로 유명한 부동산 정보전문가 김학렬 선생님.

한국갤럽의 유능한 일꾼이었던 김 선생님은 일과 후 자투리 시간을 모아 '세상답사기'라는 블로그를 운영하셨지요. 인문지리적 소양을 바탕으로 또 일을 하며 터득한 자료조사 능력을 토대로 부동산 관련 정보를 올렸는데 블로그를 찾는 이들이 많아지자 그 흐름을 눈여겨본 출판사들이 책을 내자고, 책을 내니 강의요청이 쇄도하고 강의를 들은 이들이 블로그로 찾아들고…. 이러한 선순환을 이루며 김학렬 선생님은 이미 회사를 그만두기 전부터 스타 블로거에 베스트셀러 저자로 활약했습니다. 그리고 때가 되자 퇴사를 감행, 더리서치그룹 부동산조사연구원을 창업했습니다. 창업을 하니 더욱 본격적으로 책 쓰고 블로깅하며 강의에 컨설팅까지 정보와 지식과 통찰을 서비스하는 인포프래너로 자신의 일과 삶을 직접 지휘하며 삽니다.

베스트셀러 저자 김범준 선생님은 대기업에 적을 둔 유능한 '현역'이지만 언젠가는 회사를 떠나야 하는 퇴사준비생. 하지만 그는 이미 인포프래너입니다. 직장생활을 하며 체득한 통찰을 중심으로 커뮤니케이션 관련 여러 권의 책을 내고 강의를 합니다. 언제가 되든 퇴사를 하더라도 책 쓰고 강의하고, 더 많은 시간이 주어지면 컨설팅에 코칭에 교육연수 등 다양한 러브콜을 받겠지요.

방승호 선생님은 학생들이 좋아하는 이상한(?) 교장선생님이세요. 누구의 말도 안 듣는 사춘기 학생들을 친구로 둔 비결을 책으로 강연으로 담아 나르며 현직과 인포프래너를 병행합니다. 정년퇴직하시더라도 인포프래너로 현역이 자동연장되겠지요.

외식업을 하는 민강현 선생님도 인포프래너입니다. 20년 가까이 16번의 외식업을 전개하며 체득한 실패와 성공의 경험을 노하우로 변환하여 블로그에 페이스북에 전파합니다. 외식사업의 성공을 고민하는 초보사업가들의 은인이지요.

소개해드린 네 분은 회사에 다니든 떠났든, 이미 인포프래너로 살고 있습니다. 자기실현과 경제적 자립을 동시에 도모하는 보기 드물게 복이 많은 라이프스타일을 누립니다. 저와는 인포프래너의 길을 안내하고 지원하는 송숙희책쓰기교실을 함께하며 인연을 만들었습니다. 우리는 서로의 네크워크이며 동지이자 친구입니다.

회사 그만두고 혼자 잘사는 기술, 인포프래너

이미 떠났든 떠나야 하든, 대부분의 직장인들은 회사를 그만두면 뭐 먹고살지? 그런 깊은 고민에 빠집니다. 재취업도 한 번쯤 가능합니다만, 결국엔 독립해야 합니다. 무슨 일을 하며 먹고살아야 할까요? 퇴직금으로 창업할 계획을 세우셨나요? 그런데, 스타트업의 로망이자 창업가의 희망이며 모든 사업가의 선망인 페이스북의 창업자 마크 주커버그는 "절대 회사를 차리지 말라!"고 강조합니다. 그는 "크든 작든 사업체를 만들고 그것을 운영하기 위해 애쓰는 대신 그저 당신이 만들고 싶은 변화에 집중하라!"고 권합니다.

저도 같은 권유를 합니다.

성장을 멈춘 시대. 성공하기보다 망하지 않기가 천만 배 더 어려운 시기. 혹여, 당신도 창업을 생각한다면 ─회사 차리고 직원 쓰고 돈 들여 마케팅하고 비용 들여 영업할 계획을 세우는 중이라면, 다시 한 번 생각하세요. 당신의 열과 성을 '회사운영'에 쏟아붓는 대신, 당신이 만들고 싶은 변화에 집중하면 어떨까요?

목적의식이 같은 사람들을 만나고, 그들이 원하는 변화를 이루게끔 내가 가진 지식을 공유할 수 있다면 이미 창업 이상의 기회를 만들어낸 것 아닐까요? 그래서 저는 인포프래너를 권합니다. 당신의 노하우와 기술을 전수하는 1인 기업가가 되어보세요. 창업비용도 운영자금도 한 푼도 필요 없습니다. 당신이 살아온 시간, 당신이 일해 온 경험이 창업비용이고 운용자금이니까요. 그러니까 망할 위험이 절대 없답니다.

저도 2002년 11월 22일, 인포프래너로 독립했습니다. 꽉찬 16년 동안이나 홀로 자유롭게 천천히 살고 있습니다. 좋아하는 일,

잘하는 일, 하고 싶은 일을 하며 맹렬히 활동하고 돈도 벌고 친구도 사귀며 서로 도움을 주고받기도 하며 사는 이름하여 인포프래너입니다.

자기실현과 경제적 자립을 동시에 도모하는 인포프래너

저는 주중 이틀만 외근을 합니다. 미팅이나 강의나 워크숍이나 컨설팅이나 수업이나, 시간을 조절하면 몰아서 이틀이면 충분하거든요. 나머지 닷새는 집에 차린 작업실에 들어앉아 주로 읽고 생각하고 쓰고, 또 쓰는 사람으로 삽니다.

제가 하는 일을 홍보하고 마케팅하는 일에 저의 희소한 에너지를 할애하지 않습니다. 그 역할은 제가 쓴 책이 합니다. 서점에서 포털 사이트에서 저를 대신하여 제 책을 홍보하고 저자인 저를 마케팅해주니까요. 저의 에너지는 제가 쓰는 책에 제가 하는 강의에 몰아 붓습니다. 저는 이렇게 제 식으로 제 의지대로 삽니다. 자기 시대로 자기 삶을 살아가는 것, 그것만이 유일한 성공이라고 했던

가요. 그렇다면 인포프래너로 산다는 것은 곧 성공한 삶이겠네요.

　당신에게도 인포프래너의 길을 권합니다. 지금 하고 있는 일을 내가 원하는 만큼 오래 할 수 없다면, 좋아하는 일로 오래오래 활동하고 싶다면, 퇴사나 퇴직 후 명함이 없어 기가 죽었다면 지금 인포프래너가 되세요. 잘하는 일 좋아하는 일, 하고 싶은 일을 하며 사시도록, 진짜 명함을 만들도록 도와드릴게요. 여기 당신 내면의 다이아몬드를 발굴하여 보석으로 만들어 팔도록 도와줄 다이아몬드처럼 강인한 코치가 있습니다.

2018년 봄
송숙희 드림

차례

개정판 서문
몇 번이나 더 월급 받을 수 있을까, 회사 그만두면 뭐 먹고살지? ⸻ 6

들어가는 글
좋아하는, 잘하는 일하며 나이 들기 ⸻ 16

PART 01 · Warm-up
인포프래너가 되라는 건

돈이 되는 은퇴생활 비법 ⸻ 29
인포프래너로 인생의 불꽃을 재점화하라 ⸻ 35
세상에서 가장 비싼 인포프래너가 되는 다이아몬드 경로 ⸻ 41

PART 02 Identity
인포프래너 주제파악전략

인포프래너의 첫걸음 : 매혹적인 존재로 어필하기 ⸻ 47
당신의 삶을 다이아몬드로 가공하라 ⸻ 53
나는 어떤 분야의 인포프래너가 될 수 있을까 ⸻ 56
한마디로 내 주제를 파악하자는 이야기 ⸻ 66
인포프래너의 단 하나의 준비물 ⸻ 72

PART	Merchandising
03	**인포프래너 상품전략**

내 삶에서 다이아몬드를 발견하는 법 ⋯⋯⋯⋯⋯⋯⋯ 81

경험과 전문성을 정보상품으로 만드는 법 ⋯⋯⋯⋯⋯ 86

고객의 문제를 콕 집어 해결하는 솔루션 레시피 ⋯⋯ 93

사고 싶고, 사기 쉽게, 고객이 원하는 상품 포장법 ⋯ 97

세상에 단 하나뿐인 인포프래너 ⋯⋯⋯⋯⋯⋯⋯⋯⋯ 103

매혹적인 인포프래너 브랜드 포장술 ⋯⋯⋯⋯⋯⋯⋯ 112

내 정보상품을 돈 받고 파는 비결 ⋯⋯⋯⋯⋯⋯⋯⋯ 120

정해진 가격은 무슨 일이 있어도 내리지 마라 ⋯⋯⋯ 127

내 정보상품은 어디서 어떻게 팔지? ⋯⋯⋯⋯⋯⋯⋯ 134

PART	Operation
04	**인포프래너 사업전략**

인포프래너는 계획 없는 여행이다 ⋯⋯⋯⋯⋯⋯⋯⋯ 143

자유바이러스로 무장하라, 게릴라 같은 내 인생 ⋯⋯ 153

진짜 맛있는 과일처럼 인포프래너는 후숙한다 ⋯⋯⋯ 160

세상에 둘도 없는 '고객문제해결사' 되는 비결 ⋯⋯⋯ 166

PART 05 Audience
인포프래너 고객전략

고객을 어디서 어떻게 찾을까 —————————— 177

고객, 친구처럼 만나고 전문가로서 설득하라 —————— 183

유혹의 연금술 마케팅 —————————————— 189

PART 06 Nudge
인포프래너 소통전략

고객의 마음을 우정으로 물들일 수 있다면 —————— 197

페이스북에 쫄지 마! 인포프래너의 길은 블로그로 통한다 — 201

내 블로그, 검색 0순위로 노출되게 만드는 방법들 ———— 210

인포프래너의 최종병기, 내 책 출판하기 ——————— 218

유능한 인포프래너는 고객과 직접 만난다 —————— 225

PART 07 Distinguish
인포프래너 매력전략

이름 석자가 마케팅의 전부 ································· 237

호객 말고 유혹! 모객 대신 매혹! ························· 244

인포프래너 장사목 조건 1. 고객 가슴에 첫사랑으로 자리 잡으라 ····· 248

인포프래너 장사목 조건 2. 다 버리고 핵심에 집중하라 ········· 257

인포프래너 장사목 조건 3. 매혹적인 단 한마디로 어필하라 ······· 263

PART 08 Desire
인포프래너가 되기 위해 욕심내야 할 것들

인포프래너라는 기업가로 스타일링하라 ················· 271

인포프래너가 갖춰야 할 비장의 원천기술 ··············· 281

꿈과 야성을 회복하는 시간 ·························· 288

나가는 글
인포프래너가 된다는 건 ···························· 296

좋아하는, 잘하는 일하며 나이 들기

래리 크라운은 해군 취사병으로 20년간 복무하고 퇴역한 뒤 대형마트에서 관리직으로 일하고 있다. 그는 열심히 성실하게 일해왔다. 자신이 회사를 대표하는 인물이라는 믿음에 추호의 의심도 없었다. 회사도 그 사실을 잘 알고 있고, 번번이 '이달의 우수사원상'을 통해 인증해주었다. 래리는 그 상을 무려 9번이나 받았다. 지금까지 해온 대로만 계속된다면 가장 큰 고민거리인, 근사한 집을 구입하느라 은행에서 빌린 주택자금을 상환하는 데도 문제없을 것이라고 생각했다. 지금까지처럼 앞으로의 삶도 계획한 대로 별 문제없이 잘 꾸려갈 것이다. 사내방송을 통해 자신을 찾는 안내를 들은 래리는 아마 10번째로 '이달의 우수사원상'을 받게 되지 않을까 하고 사무실로 향했다.

하지만 그를 기다리고 있는 것은 해고의 날벼락이었다. 회사 측은 구조조정의 일환으로 직원을 해고해야 하는데, 이번 대상은 래리 크라운이며, 그 이유가 대학을 나오지 못했기 때문이라고 일방적으로 통보했다. 단지 대학을 나오지 못했기 때문이라기보다는 같은 이유로 앞으로도 계속 승진에서 밀려날 것이기 때문에 이번 구조조정 때 해고한다는 것이었다. 그들의 확고부동한 논리 앞에 그가 얼마나 성실하게 일해 왔는지는 참작의 여지도 없었다. 짐작하겠지만, 한순간의 해고 통보는 그가 꿈꿔 오던 미래에 대한 계획을 온통 들쑤셔놓았다. 그가 취할 수 있는 행동이란 당장 회사를 떠나는 것뿐이었다. 톰 행크스가 연기한 영화 〈로맨틱 크라운〉의 이야기다.

조기퇴직은 영화가 아닌 현실

영화 속 이야기일 뿐이라면 얼마나 좋을까. 내 주위에도 래리 크라운이 넘쳐난다. 나부터가 조직에서 버텼더라면 이미 은퇴했거나, 은퇴를 앞두고 밤잠을 설칠 나이다. 사회가 정한 룰에 따라 은퇴해야 한다면 이를 거스를 명분은 없을 것이다. 그러나 정말이지 애석한 것은 일에 대한 열정, 전문성, 기업에서의 지위, 그 모든 것들을 압도하는 업무적 카리스마, 그리고 그에 걸맞은 명함과 대우에 대한 자부심…. 이런 것들로 커리어 인생이 절정에 달했을 무렵, 은퇴의 직격탄을 맞는다는 것이다.

대학 다니는 자녀들에게 학비를 계속 대줘야 하고, 결혼도 시켜야 하고, 노후에 쓸 돈도 좀 모아야 하는…. 바로 이즈음, 인생에서 가장 많은 돈이 필요할 무렵, 겨우 짬을 내 가족과의 시간을 즐기며, 은퇴하면 이렇게 살아야지 하는 생각을 조금씩 할 무렵. 바로 이때, 회사에서는 이내 그만두라고 한다. 생각만으로도 황망해 외면하고 살던 '은퇴자'로 내몰리게 되는 것이다. 그것도 한순간에. 그야말로 인정사정 볼 것 없이 말이다. 이때 우리가 할 수 있는 일이라곤 래리 크라운처럼 혼비백산하는 것뿐이다.

16년 전부터 인포프래너로 살며, 단 한 번도 은퇴를 고민해본 적 없이 은퇴와 무관하게 살아온 내가 은퇴에 대해 이토록 민감한 것은 내 지인들 사이에 너무 흔한 일이라 남의 일 같지 않아서다. 사회에 나와 밥벌이를 시작하던 무렵, 내게 일을 가르쳐주던 하늘 같던 상사들도 은퇴의 직격탄을 피해 가지 못했다. 그토록 당당하게 업무를 진두지휘하고 남다른 성과를 내며 전문가로서 많은 것을 누리던 선배들 또한 퇴직이나 실직으로 일을 떠났고, 아예 자취를 감춰버리기 일쑤였다. 간신히 수소문해 연락을 취해도 모임에 얼굴 한 번 보여주지 않는다.

그런가 하면 선배들을 통해 끔찍한 은퇴를 간접경험해서 그런지 후배들은 아직은 끄떡없을 시기인데도 사석에서 만나면 조기 실직과 은퇴에 대한 두려움을 하소연한다. 영민한 이들은 그냥 앞아서 당할 수는 없다며 임전태세를 내비친다. 후배들은 조기실직은 은퇴로 이어지기 십상이며, 그 뒤에 주어지는 100세까지의 무한한 시간에 대한 감을 빨리 잡은 듯하다. 준비하지 않은 상태에서 맞게 되는 그 많은 잉여 시간은 평안한 쉼이 아니라 재앙이 될 수도 있다는 사실을 알아차린 것이다.

게다가 시시각각 들이닥치는 변화의 쓰나미에 '준비'와 '계획'이 무의미함을 익히 알기에 지금 무엇을 하고 있든 내일이 두렵다고 한다. 이런 후배들에게 은퇴라는 걸림돌 없이 자신의 길을 가는 내가 멋진 선배로 비치는가 보다. 요즘처럼 부럽다는 소리를 자주 들어본 적이 없다. 가까스로 차 한잔하게 되는 선배나 상사들도 대놓고 부러워한다. 왜 혼자만 뒷배를 챙겼느냐며 살짝 질타도 하지만, 체념 섞인 목소리엔 풀기가 없다. 이때마다 표정관리를 해야 하는 어려움이 있지만, 그들은 모를 것이다. 홀로 당당히, 천천히, 자유롭게 살기까지 '수월찮이' 힘겨웠음을, 내가 힘겹게 인포프래너로서 자리 잡는 동안 그들은 조직 안에서 호의호식했을 그 시간을 말이다.

100세 시대, 평생현역으로 살아가는 법

인포프래너가 무엇인지 궁금한가? 한마디로 지식이나 정보를 파는 1인 기업가다. 한 전문 분야의 지식이나 정보 기술, 노하우를 상품화해 팔거나 서비스하는 일을 한다.

인포프래너

정보 Information란 말에 기업가 Entrepreneur란 말을 더해 만든 새로운 말이다. 미국이나 일본 등지에서는 비교적 널리 알려진 개념으로, 전직의 경험이나 재능을 살려 책을 쓰거나 강연을 하고, 코치나 컨설턴트로서 그 경험과 재능을 전수하는 직업군을 이른다. 한 16년을 인포프래너로 살아보니 그 매력에 흠씬 빠졌다. 만나는 이들에게도 인포프래너가 되라며 조른다. 인포프래너의 가장 큰 매력은 투자비가 거의 들지 않으며, 따로 특정한 기술을 배울 필요가 없다는 것이다. 나 역시 16년 전 인포프래너가 되기로 결심했을 때, 명함 제작에 들인 돈이 투자금의 전부였다. 게다가 원하는 한 얼마든지 오랫동안 주역으로 일할 수 있고, 일하는 방식을 스스로 정할 수 있으며, 일에 대한 대가 또한 내가 정한 액수를 내가 정한 방법으로 받는다. 어쩌면 죽는 날까지 내내 현역으로 좋아하는 일, 하고 싶었던 일, 잘하는 일을 계속하며 그에 대한 정당한 대가를 받으며, 건강하게 살고 다양한 인맥과 교류하는 등 은퇴자들의 복지에 부합되는 다양한 조건들을 한꺼번에 충족할 수 있다는 것이 인포프래너의 매력이라고 할 수 있을 것이다.

이 책은 거뜬하게 100세를 산다는, 이른바 호모헌드레드 시대에 '우리의 직업인생은 어디까지 설계해야 할까?'라는 물음으로 시작한다. 이 물음은 직장인이든 아니든 누구에게나 익숙한 그러나 반갑지 않은 물음이며, 선뜻 답하기 쉽지 않은 질문이다. 답을 생각하다 보면 일하지 않고 오래 살아남아야 할 미래에 대한 불안함과 두려움에 가득 찬 고민만 싸안게 된다. 인포프래너의 길에 16년 먼저 뛰어든 선배로서 이 책을 통해 내가 시도한 것은 이 같은 고민을 해결해줄 새로운 아이디어를 제안하는 것이다. 인포프래너가 되어 평생현역으로 살자는 아찔하고 담대한 제안 말이다.

이는 인포프래너에 도전하는 것이 제2의 인생, 인생 후반전을 대비하기 위해 우리가 할 수 있는 일 가운데 가장 현실적이고 효율적이며, 큰 성과를 낼 수 있는 방법임을 스스로 한 경험을 통해 너무 잘 알기 때문에 가능한 제안이다. 제안은 단순하다. 이미 은퇴했다면 지금 당장 인포프래너로 시작할 것, 아직 은퇴하기 전이라면 훗날 인포프래너로 변신하기 위해 지금 하고 있는 일을 충실히 해내라는 것이다.

인포프래너는 하던 일이나 재능을 발휘해온 영역에서 출발한다. 그러니 아직 은퇴하지 않았다면 현업을 더욱 충실히 수행하다가 때가 되어 현업에서 그간 체득한 지식과 정보, 특정한 기술과 노하우로 만들어진 특별한 재능을 상품화해 파는 1인 기업가, 인포프래너로 출발하면 된다.

만일 이미 은퇴했거나 은퇴에 직면했다면 새로운 출발을 한답시고 잘 알지도 못하는 영역에 뛰어들거나, 그렇게 하기 위해 새로운 것을 배우거나 퇴직금을 털어 넣는 대신, 그때까지 충실하게 익혀온 직업적인 혹은 개인적인 재능을 탐색해 정보상품으로 만들어내고 판매하는 1인 기업가에 도전하라는 것이다. 이렇게 시작한 첫걸음은 100세가 될 때까지, 즉 평생현역으로 사는 걸음으로 이

어질 것이다. 그리해서 하루하루 인생의 가장 화려한 날을 구가하게 될 것이다. 삶을 통해 습득한 지식을 다음 세대로 전달하는 것이 지식사회를 살아가는 우리에게 부여된 공통과제다. 인포프래너가 되는 것은 이러한 시대적 요구를 수용하는 지름길이기도 하다. 《웹진화론》을 쓴 일본의 IT전문가 우메다 선생은 다음과 같은 말로 인포프래너로의 도전을 반겨준다.

"앞으로의 지적 생산은 조직이 아닌 시간의 승부가 되지 않을까? 나는 '재야의 시대'가 올 것으로 생각한다. 사무 처리와 회의로 정신없이 바빠 지적 생산의 시간이 없는 대학교수보다는 시간을 자유롭게 사용할 수 있는 재야의 인물이 빛을 발하는 시대가 오지 않겠는가?"*

이 책은 이토록 매혹적인 인포프래너가 되는 방법과 로드맵을 짚어주는 내비게이터다. 내비게이터의 그녀처럼 당신의 목적지에 도착할 때까지 친절하고 낭랑한 목소리로 일일이 그 경로를 안내해준다. 순도 100%의 경험을 토대로 하는 안내인 만큼 누구라도 쉽게 공감할 것이라 확신한다.

인포프래너로 살아온 16년간의 실전 보고서

돌아보니 인포프래너로서의 여정은 녹록치 않았다. 일찍이 미디어에 종사하면서 익힌 기술과 재능과 지식, 정보를 상품으로 만

---

* 〈중앙공론(中央公論)〉에 쓴 〈구글에 두태되지 않는 지(知)적 생산술〉에 관한 내용의 일부

들어 책으로 출간하고 코칭하고 강연해온 내 커리어를 본다면 빠르고 쉽게 인포프래너로 연착륙한 듯 보일 것이다. 하지만 생각보다 오래 걸렸고 힘들었다. 최근 16년차에 들어서야 비로소 모든 것이 자리를 잡은 듯 여겨진다. 그 과정에서 혼자 고민하고 혼자 해결하느라 적잖이 외롭고 힘들었다. 이 책을 읽는 당신은 그런 점에서 행운이다. 이 책이 내가 겪었던 수많은 시행착오를 줄여주고 그 과정에서 무수히 동반되는 외로움과 절망감 또한 덜어줄 수 있을 것이기 때문이다.

나는 한 권의 책을 쓰기 위해 수백 권의 자료 도서를 읽는다. 하지만 이 책을 쓰는 데 책을 통한 직접적인 도움을 받기는 힘들었다. 100세 시대는 인류가 단 한 번도 접해보지 못한 경험으로, 가이드 도서가 아직 없기 때문이다. 같은 이유로 인포프래너로 성공한 일반적인 사례를 찾기도 쉽지 않았다. 따라서 이 책은 인포프래너로 16년을 먼저 살아온 내 경험을 우선 참고했으며, 아울러 내 고객이었던 친구들에게 부탁해 그들의 경험을 많이 참고했다.

이 책은 무엇보다 선선하다. 인포프래너가 되기 위해 이런저런 것을 하지 않으면 안 된다는 식의 어깃장을 늘어놓기보다 가능한 한 지금 당장 해볼 수 있는 일부터 제안하고 부추긴다. 당신에게 필요한, 내가 요구하는 단 하나의 주문은 먼 길 나설 때처럼 자동차의 시동을 켜고, 내비게이터를 켜는 일이다. 내 도움이 필요한 내 이웃의 문제부터 하나씩 해결해가다 보면 이웃의 이웃까지 당신의 도움을 원하게 될 것이고, 그러면 인포프래너로 이미 출발한 것이다. 순서나 절차에 대해서도 갑갑해하지 말라. 지금 당장 할 수 있는 일부터 시작하면 된다. 그런 다음, 그때그때 필요한 것을 하면 된다. 이 모든 것을 아우르는 단 한 가지 준비가 필요하다면 홀로 천천히 자유롭게 평생현역의 삶을 살아가면서 누군가의 삶에 보탬이 되어 보겠다는 꿈을 꾸는 것이다.

이러한 의도를 독자들과 잘 나누기 위해 나는 이 책을 수다 떨 듯 썼다. 당신도 편한 자세로 재미난 이야기 한 편 듣는다는 생각으로 이 책을 읽어주길 바란다. 그리고 결심하라. 인포프래너로 살 것을. 그러면 당신의 결심을 향해 만사가 움직이는 기적을 경험하게 될 것이다.

이 책을 위해 경험을 공유해주신 내 고객들(코칭을 받는 이), 내가 하는 일에 감탄을 아끼지 않음으로써 격려해준 동지들에게 인포프래너의 여정에 동반하겠다는 약속으로 감사 인사를 대신한다.

당신의 내비게이션에 '인포프래너로 평생현역을'이란 목적지를 설정했는가?

지금부터 안내를 시작하겠다.

Information Entre Preneur

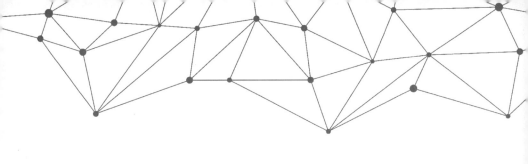

Warm-up

한 분야에서 수십 년, 아니 최소한 수십 년이라도 일해 온 사람은
그 분야의 값나가는 원석이며, 그 원석을 가공하면 세상에서 가장 비싼 값을 받을 수 있는
보석으로 가공될 수 있다는 사실을 발견했다. 이런 기술을 갖고 한 사람 한 사람 만날 때마다
과연 어떤 보석일까 하는 눈으로 보게 되니 그 만남이 어찌 예사롭겠는가?
그렇기 때문에 '누군가를 만나는 것은 그의 일생을 만나는 것이므로
실로 어마어마한 일'이라는 정현종 시인의 시구(詩句)가 그지없이 반갑다.

PART 01

인포프래너가
되라는 건

돈이 되는
은퇴생활 비법

그날 아침, 나는 출근하지 않았다. 회사에서 오는 전화를 받지 않으려 집을 나와 휴대폰을 꺼버렸다. 벌써 여러 차례 회사에 퇴사 의사를 전했지만 회사는 허락하지 않았다. '한동안은' 내가 필요했기 때문에 내 요청을 몰라라 한 것이다. 오히려, '어려운 상황을 참작할 테니 그런 소리는 다시 꺼내지 말라'며 나를 다독였다. 결국 그날 아침, 나는 출근하지 않는 치졸한 방법으로 회사를 떠났다. 무단결근. 이것이 내가 회사형 인간과 결별한 직접적인 사유다. 이로써 나는 대학 졸업반이던 해 가을부터 몸담아온 '등 따뜻하고 배부른' 조직으로부터 독립했다.

처음엔 잘 몰랐다. 때가 되면 월급 주고, 승진시켜 주고, 다양한 복지프로그램으로 기 살려 주고 그럴싸한 명함으로 지켜지던 신분, 그런 것들과 무관해진다는 것이, 온실을 떠나 순전히 혼자된다는 것이 어떤 의미인지를.

　출근하지 않는 날들이 하루 이틀 더해지면서 광야에 홀로 버려진 듯한 외로움이 엄습했고, 아직 준비되지 않은 미래에 와락 겁이 나기도 했다. 과장하자면 학수고대하던 해방을 성취했지만 독립할 여력을 갖추지 못한 늙은 노예가 그랬을 법한, 그래서 하늘이 무너지는 경험을 한 것이다. 그리 자랑스럽지 않은 이 '묻지 마 탈출'은 내 재능과 기질이 제대로 발휘되던 언론기업을 떠나 일반 대기업에 자리를 잡으면서 계획되었던 것이나 다름없다. 부잣집에 속해 있더라도 노예는 노예, 개성도 능력도 발휘할 수 없는 곳에 있게 되자 본능적으로 일으킨 몸부림이었다.

　언론기업으로 돌아가기에도 너무 늦었다. 몇 해 사이에 후배들이 편집장으로 일하고 있었다. 내게는 더 이상 돌아갈 곳도, 타고 돌아갈 배도 없었다. 싫든 좋든 이제 내가 스스로를 고용하는 일밖에 없음을 직감했다. 아니면 일을 관두든가. 지금도 암담하던 그때의 기분이 고스란히 느껴진다. 내가 몸담았던 언론계는 버티고 버텨도 55세면 정년퇴직을 해야 한다. 내가 어찌해서 그 바닥에서 있었더라도 정년까지 몇 년 남지 않았을 테고, 이후의 삶을 대비하느라 지금쯤 신경과민에 걸렸을지도 모른다. 하지만 나는 지금 벌써 16년차 인포프래너. 16년이면 어느 분야에서든 베테랑 대우를 받기 마련이다.

　마흔이 채 되기 전에 안전지대를 박차고 나와 홀로서기를 감행할 수 있었던 데는 대학 선배 덕분이다. 학교를 함께 다닌 적이 없을 만큼 연령 차이가 많은데도 '선배'라는 호칭으로 불리길 원했던 그분은 의사다. 예순이 넘은 지금은 VIP환자만 진료하고 나머지 시간은 50대 초반부터 공부해온 대체의학에 할애하며 살고 있다. 내가 기자로 일하던 수십 년 전, 인터뷰를 하며 안면을 틀 당시, 선배님은 '손이 떨려 진료를 더 이상 할 수 없을 때'를 대비해야 한다며 대체의학 공부를 시작했다. 지금은 그 분야 책을 쓰고 강연하고 전문가를 양성하는 인포프래너로 살고 있다. 인터뷰 과정에서 선배님에게 들은 한마디가 나를 인포프래너의 길로 인도했다.

"최고의 노후 준비는 평생현역으로 사는 길을 마련하는 것이다."

은퇴 준비는커녕 은퇴라는 말조차 상관없던 젊을 때였지만, 선배님의 이 한마디는 돌에 새긴 듯 내 뇌리에 새겨졌다.

조기 실직 100세 시대, 은퇴의 덫에서 은퇴하라

차병수 님은 은퇴한 지 7년 된 전직 교육공무원이다. 칠순을 바라보는 나이지만 아직도 건강이 넘쳐 보인다. 은퇴를 앞두고 차병수 님은 A4 용지 한 장에 빼곡하게 은퇴한 뒤에 하고 싶은 일의 리스트를 작성했고, 특전사 출신답게 '안 되면 되게 하라'는 정신으로 7년 만에 그 일들을 다 해냈다고 한다. 그 가운데 차병수 님이 가장 하고 싶었던 일은 골프를 맘껏 즐기는 것과 회고록을 출간하는 것이었는데, 녹록하지 않은 이 목표마저 달성했다고 한다.

문제는 그 이후였다. 작지만 내 집에서 연금을 받아 내외가 생활해서 경제적으로도 편안했고, 하고 싶은 것을 해보며 은퇴한 뒤를

즐겨왔는데, 한 7년 그렇게 살고 나니 무료해지기 시작했다. 차병수 님이 내게 코칭을 청한 건 무료함에 지쳐 경미한 우울증까지 겹쳤을 무렵이다. 그의 첫마디가 아직도 기억난다.

"그간 못해본 여행도 다니고, 가족과도 시간을 보내고, 격조했던 친구도 만나고, 늦잠도 자고, 골프도 치고, 책도 내고 했지만 꽃놀이도 잠깐이에요."

그렇다. 정년퇴임을 했다 해도 100세까지의 한평생을 놓고 보면 겨우 '생의 한가운데'다. 정년까지 버티면 그 뒤 별 문제없다던 생각은 하루아침에 낡은 사고가 되고 말았다. 어찌어찌 50세 전후에 은퇴든 실직이든 하고 나면 그 뒤로 50여 년을 현업에서 멀어진 은퇴자로 살아야 한다는 이야기가 된다. 그러니 남은 50년을 쟁쟁하게 살아낼 새로운 패러다임으로 무장하고 행동하지 않으면 지금까지 아무도 겪어보지 못한 어려움에 봉착하게 되는지도 모른다. 이미 은퇴 전후의 많은 이들에게서 이와 같은 고민을 들었다. 이들을 향해 언론은 이렇게 저렇게 하라는 기사를 쏟아낸다. 언론이 제시하는 방법들은 대개 3가지다.

1. 노후자금에 관한
2. 건강에 관한
3. 인간관계에 관한

이 주장의 핵심인즉, 충분한 노후자금을 가지고 건강에 신경 쓰며 인간관계를 잘 가꾸면 99살까지 88하게 살 수 있다는 것이다. 얼핏 듣기에 참으로 이상적인 대책이다. 하지만 누구나 가능한 방법은 아닌 듯하다. 일단 충분한 노후자금이란 적게 잡아도 수억 원대로, 서민들은 평생 만져보지도 못할 큰 금액을 따로 준비하라는 이야기가 된다. 게다가 이 방법은 99살까지 88하게 '생존'하고 연명하는 데만 의미를 둔 것으로, 평생현역으로 살고 싶어 하는 대다수 은퇴자들의 바람을 무색하게 한다.

우리가 바라는 은퇴 준비는 연명하는 수준이 아니다. 99살까지 의미 있는 삶을 만끽하고 싶은 것이다. 수많은 기라성 같은 은퇴컨설팅 기업 가운데 하나인 호주의 세지코라는 기업은 은퇴자들에게 취미생활을 찾아주는 데 큰 공을 들이는 것으로 유명하다. 이 회사는 '저비용 은퇴생활'을 돕는 것이 목표라고 한다. 은퇴자금을 준비하는 것보다 급하고 중요한 것이 취미생활을 시작하는 것이라는 인식을 남보다 먼저 한 덕분에 이 회사의 은퇴컨설팅 비즈니스는 늘 호황이다.

길고 길게, 평생 일하고 싶다

나 또한 16년 동안 저비용의 은퇴생활이 가능한 인포프래너가 되는 법을 전수해왔다. 내가 권하는 이 방법은 단순한 '저비용'이 아니라 '돈은 안 들이면서 지속적으로 돈을 버는' 더욱 높은 차원을 자랑한다. 인포프래너가 되는 데는 돈이 거의 들지 않는다. 어떤 자격도 조건도 필요치 않은데다 교육이나 인프라도 거의 필요하지 않다. '오늘부터 난 인포프래너다'라고 선언하는 것만으로 된다. 그러면 앞서 언급한, 언론들이 소개하는 것보다 훨씬 훌륭한 은퇴한 뒤의 전략이 마련된다.

1. 노후자금에 관한 : 인포프래너로 지속적인 수입원이 보장된다.
2. 건강에 관한 : 일을 계속하므로 건강하다.
3. 인간관계에 관한 : 일을 하며 만나는 고객들과의 새로운 인간관계가 저절로 열린다.

은퇴기를 이르는 말들이 참으로 많다. 별의별 표현들이 속속 그 의미와 중요성과 위기에 대해 언급한다. 그 가운데 내 맘에 드는 몇 가지만 소개하겠다.

골드에이지 : 인생에서 은퇴기가 가장 눈부시다는 의미를 담았다.
서드에이지 : 인생에서 세 번째 단계라는 뜻이다.
액티브에이지 : 활발하게 나이를 먹어야 한다는 희망을 담았다.

나는 이러한 근사한 모든 표현을 보자기처럼 싸안는 단 하나의 의미로 '인포프래너'를 제안한다. 그러니까 인포프래너가 되라는 제안은, 인포프래너로 새로운 출발이 가능하다면 당신의 남은 삶이 '새로운 황금기'가 될 수 있다는 의미다.

인포프래너로
인생의 불꽃을 재점화하라

인포프래너를 키워내는 과정에서 만나는 사람들은 아무래도 은퇴 전후의 직장인이거나 전문직업인이 대부분인데, 한 사람 한 사람 만날 때마다 은퇴한 지 얼마나 되었을까 맞춰보는 버릇이 생겼다. 신기하게도 대개는 내 짐작대로다. 처음 만나는 자리에서 명함 없이 쭈뼛거리는 이들은 대개 초보 은퇴자다. 이보다 1~2년쯤 지난 은퇴자는 전 직장에서 사용하던 명함을 건네는 경우가 많다. 소속감 없는 설움에 존재감을 피력할 방법이 없다 보니 예전에 사용하던 명함을 재활용하는 것이다.

'아직 명함이 나오지 않아서⋯.'라는 변명과 함께 내미는 명함에는 핸드폰 번호만 남기고 줄을 그어놓은 경우가 많다. 이런 경우 대개 "내가 왕년에 이런 사람이었어요."라는 뒷말이 생략되어 있다. 명함을 읽으며 "우와, 이렇게 유명한 곳의 높은 분이셨군요?"

라고 아는 척을 하면 금세 표정이 환해지며 목소리도 높아진다. 통상 남자들은 조그마한 명함으로 드러나는 직업적인 타이틀로 자신을 규정하기 때문이다. 그래서 그 타이틀을 잃게 되었을 때는 인생도 끝난 듯 위축되는 것이다. 하지만 어쩌겠나? 그 명함은 다른 이로부터 받았으니 준 이가 거둬들여도 아무 소리 못하는 것을…. 나 역시 내 의사와 무관하게 명함이 여러 번 바뀔 때마다 곤혹스러웠다. 덕분에 내가 나에게 발급하는, 나 말고는 누구도 그 명함을 줄 수도 거둬들일 수도 없는 명함을 꿈꿨다. 마지막으로 몸담았던 회사에서 생활할 때 이미 개인명함을 만들어 소지했던 것도 이 갈증을 풀어주려는 나름의 돌파구였다.

16년째 나는 내가 만든 명함을 사용한다. 이 명함이 16년 동안 내게 선물한 것은 '자유'였다. 무엇을 할 수도 하지 않을 수도 있는 자유 말이다. 적게 일하고 적게 벌지만 얼마든지 시간을 유용할 수 있었다. 나와 같은 일을 하던 선배나 동료, 후배들은 인포프래너가 아닌 일반 창업을 택했다. 출판사, 홍보대행사, 사보제작사…. 그들은 회사를 차리고 인력을 고용하고 마케팅을 하고, 수주 받은 일을 해내느라 많은 돈을 필요로 했고, 회사를 운영하느라 많은 시간을 필요로 했다. 계획대로 잘되지 않을 때, 스트레스는 돈보다 시간보다 훨씬 컸다. 반면 나는 투자비용 한 푼 들이지 않고 시작했고, 혼자 천천히 자유롭게 인포프래너로서 평생현역의 길을 걷고 있다. 이 같은 경험 덕분에 나는 많은 이들에게 인포프래너로 살기를 권유한다.

내가 인포프래너를 권유하며 손꼽는 장점들은 다음과 같다. 첫째, 투자비용이 거의 들지 않는다. 둘째, 어려울 것 없다. 인터넷만 할 줄 알면 된다. 셋째, 다른 것을 배워 시도하느라 시간과 비용을 들이거나 품을 팔지 않아도 된다. 그 결과, 원하는 시간에 원하는 곳에서 원하는 사람과 일할 수 있는 직업인생의 자유가 보장된다.

언젠가 〈USA투데이〉에서 '100만 달러를 벌 확률'에 관련된 기사를 보았다.

- 소규모 비즈니스를 소유한다. – 1/1,000
- 근무하는 회사의 주식이 공개된다. – 1/10,000
- 매달 800달러를 30년 동안 저축한다. – 1/1,500,000
- TV 게임 프로그램에서 우승한다. – 1/4,000,000
- 카지노 슬롯머신에서 대박을 터뜨린다. – 1/6,000,000
- 복권에 당첨된다. – 1 : 12,000,000
- 100만 달러를 상속받는다. – 1 : 12,000,000

인포프래너는 가장 높은 확률인 '소규모 비즈니스를 소유한다'에 해당된다. 미국의 경우이긴 하지만 잘하고 좋아하는 일을 하며 재정적 보상과 자유를 평생 만끽하는 것이 인포프래너의 삶이라는 내 주장을 뒷받침해주는 보도라 내심 기뻤다. 인포프래너가 되는 데 필요한 게 있다면 직장형 인간에서 탈피해 기업가적 마인드로 무장하는 인식의 전환이다. 그러면 재정적 보상과 자유가 저절로 보장된다.

정보를 파는 기업가, 인포프래너

H.O.T, 보아, 동방신기, 소녀시대, 슈퍼주니어, 샤이니, EXO, 레드벨벳 등 걸출한 뮤지션을 배출한 한국 최고의 연예프로덕션 기업 SM엔터테인먼트의 이수만 회장이 한 인터뷰에서 이런 말을 했다.

"어느 뛰어난 도자기공이 독보적인 도자기 제조 기술을 갖고 있다. 그의 기술은 그의 감각과 손끝에 있다. 그것을 배우려면 그 사람 밑에 들어가 배우는 수밖에 없다. 하지만 만일 그런 기술을 잘 성문화하고 제자들에게 가르쳤다면, 그리고 이것을 잘 전수해서 저작권료를 받았다면 하나의 산업이 될 수도 있었을 겁니다."

이수만 회장이 바람직한 모델로 거론한, 뛰어난 기술을 매뉴얼화해 전수하고 저작권료를 받는 도자기공이 바로 인포프래너. 뛰어난 도자기를 만들기만 한다면 그는 탁월한 전문가 혹은 달인

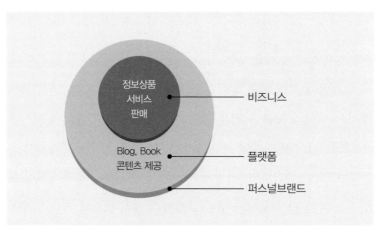

인포프래너 비즈니스 개요

이다. 그런데 그 기술을 매뉴얼로 만들어 책이나 세미나, 워크숍 같은 정보상품 형태로 전수한다면 그는 전문가 혹은 달인이면서 인포프래너가 된다. 그렇다. 인포프래너란 경험, 재능, 노하우나 기술을 정보상품으로 변환해 제공하는 사업가다. '정보를 판다'는 말이 아직도 잘 와닿지 않는가? 그렇다면 대형서점으로 나가보자. 매장의 이쪽 끝에서 저쪽 끝까지 깔려 있는 책들을 살펴보자. 인터넷 서점에서라도 카테고리별로 뒤져보도록 하자. 어떤 책들이 팔리고 있는가?

《미루는 습관 없애기》
《미니멀하게 사는 법》
《집에서 호텔처럼 먹는 법》
《남 먼저 부자되는 법》
《말 한마디로 인생을 바꾸는 법》
《10분 만에 마인드를 바꾸는 법》
《다이어리로 좋은 습관 만들기》
《열등감 버리고 자신감 키우기》
《부드럽게 섬세하게 사는 법》
《누구나 단숨에 작가되는 법》

이러한 책들이 바로 정보상품이다. 이 상품들이 팔려나가면 저자들은 이수만 회장이 말한 저작권료를 받게 된다. 인포프래너는 한마디로 '재능을 서비스하는 비즈니스'를 하는 사람이다. 특정 분야에 대한 재주와 능력, 즉 경험과 지식, 노하우를 콘텐츠와 솔루션으로 변환해 책이나 이북(e-book) 등의 정보상품과 세미나, 컨설팅 등 재능 전수 프로그램으로 공유 또는 서비스하는 이를 말한다.

당신에게는 수월한 어떤 일이 다른 이들에겐 돈을 주고 사서라도 얻고 싶을 만큼 어렵거나 몹시 필요한 것이다. 당신이 잘 해내는 그것이 다른 사람들이 처한 문제를 내용별로 상황별로 해결해줄 수 있다면, 당신의 그것은 무엇이든 정보상품이 될 수 있다. 당신도 인포프래너가 될 수 있으며, 그로 인해 평생 당신 자신을 고용할 수 있다는 의미가 된다.

세상에서 가장 비싼
인포프래너가 되는 다이아몬드 경로

　나는 독자를 인포프래너로 거듭나 평생현역으로 99세까지 88
하게 살도록 돕는 내비게이터 역을 자임했다. 보통 내비게이터는
목적지에 이르는 경로를 여러 가지로 제안한다. 인포프래너가 되
는 경로도 얼마든지 다양하겠지만 이 책에서 나는 '다이아몬드'라
이름 붙인 경로를 추천한다.

　최고급 보석인 다이아몬드는 커팅이니 투명도니 색상이니 하는
다양한 요소로 상품성을 갖춘다. 원석이 아무리 훌륭해도 제대로
커팅 되지 않으면 황홀한 광채를 기대하기 어려운, 그저 빛나는 돌
멩이에 불과하다. 완벽한 비율을 자랑하며 커팅이 될수록 상품성
이 뛰어난 다이아몬드로 변신하는데, 다이아몬드의 이러한 특징
에서 착안해 가장 상품성 있는 다이아몬드처럼 가장 경쟁력 있는
인포프래너가 되는 최단 경로로써 7분면의 커팅 요소를 마련했다.

그러니까 당신이라는 원석이 이 7분면의 요소로 커팅된다면 이상적인 인포프래너로 거듭날 수 있을 것이다. 각 경로의 이니셜을 조합하면 DIAMOND라는 단어가 탄생하기에 '다이아몬드 경로'라는 이름을 붙였다.

1분면 : Distinguish 인포프래너 매력전략

2분면 : Audience 인포프래너 고객전략

3분면 : Identity 인포프래너 주제파악 전략

4분면 : Merchandising 인포프래너 상품전략

5분면 : Operation 인포프래너 사업전략

6분면 : Nudge 인포프래너 소통전략

7분면 : Desire 인포프래너 욕심전략

나는 언론 현장에서 일하면서, 기자라는 직업으로 단련된 나 자신이 좋다. 그 이유는 기자가 하는 일의 대부분이 사람을 만나는 것이고, 대상을 파고들어 그만의 아름다움을 파악해내는 기술을 갖추었기 때문이다. 일을 하며 혹은 사적인 인연으로 삼십 년 넘도록 수많은 사람을 만나고 그 아름다움을 발견하는 과정에서 통찰한 것이 있다. 사람은 저마다 꽃이고 보석이라는 것이다.

특히 한 분야에서 수십 년, 아니 최소한 수십 년이라도 일해 온 사람은 그 분야의 값나가는 원석이며, 그 원석을 가공하면 세상에서 가장 비싼 값을 받을 수 있는 보석으로 가공될 수 있다는 사실을 발견했다. 이런 기술을 갖고 한 사람 한 사람 만날 때마다 과연 어

떤 보석일까 하는 눈으로 보게 되니 그 만남이 어찌 예사롭겠는가?

그렇기 때문에 '누군가를 만나는 것은 그의 일생을 만나는 것이므로 실로 어마어마한 일'이라는 정현종 시인의 시구(詩句)가 그지없이 반갑다. 충실한 직업인으로 인생의 한때를 살아온 사람이라면 누구나 인포프래너가 가능하다는 믿음은 이러한 경험의 누적치다. 누구든 무슨 일을 해왔든, 삶이란 어떻게든 그 속에서 조개처럼 진주를 만들어내는 법이기 때문이다. 이 같은 굳건한 믿음이 있었기에 많은 사람들을 인포프래너로 살도록 코칭했고, 그 방법론을 추려 '다이아몬드 경로'를 만들었다.

이제 그 방법을 본격적으로 안내할 것이다. 다만 앞으로 펼쳐질 내용은 D-I-A-M-O-N-D의 순서가 아니라는 점을 염두에 두기 바란다. 순서는 인포프래너를 꿈꾸고 준비하고 사업을 설계하고 구현하는 과정 그대로 전개된다. 그래야 독자들의 머릿속에서도 그 과정 그대로 구체화될 것이기 때문이다. 이것이 가장 빠른 길임을 명심하라.

Identity

최상의 다이아몬드를 만드는 과정은 원석의 상태를 점검하는 것으로 시작한다.
원석의 상태에 따라 커팅의 방법과 세부적인 가공법이 결정되기 때문이다.
인포프래너도 마찬가지다. 당신이 그동안 어떤 경험을 해왔는지,
그 과정에서 어떤 특별한 기술과 전문성을 지녔는지를 파악해야만
당신이 활약할 분야와 당신의 고객, 상품을 만들어낼 수 있다.

PART 02

인포프래너
주제파악전략

인포프래너의 첫걸음
: 매혹적인 존재로 어필하기

2010년 9월 19일. 이날 프로야구 삼성라이온즈 소속 양준혁 선수의 은퇴경기가 열렸다. 홈구장인 대구에서 열린 SK와이번스와의 경기의 마지막 타석. 그는 이미 앞서 2개의 삼진을 기록했고, 마지막 타격은 2루수를 향해 날아가는 평범한 타구였다. 누가 봐도 아웃이 뻔한 상황. 그런데도 그는 언제나처럼 죽기 살기로 1루로 내달렸다. 결국 그의 야구인생을 장식한 마지막 타석은 2루수 앞 땅볼로 기록되었다. 팬들은 그를 '양신(梁神)'이라 부른다. 팬들은 양신을 입에 올릴 때마다 아웃될 것이 뻔한 상황에서도 죽어라 뛰던 그의 모습을 떠올릴 것이다. 양준혁 선수 자신도 팬들도 관계자들도, 그의 성공이 이런 태도가 만들어낸 것임을 잘 안다.

갖은 논란에도, 애플 전 회장 스티브 잡스는 자신이 원한대로 우리의 생활사에 혁명의 흔적을 남겼다. 과연 스티브 잡스의 무엇이 이런 결과를 낳은 것일까? 열정? 창의력? 20대 초반에 서체에 대해 배울 정도로 깊은 호기심? 아니면 IT를 보는 관점? 인문학적 소양? 이 모든 것들이 제각각 혹은 짝짓기를 해 탄생한 흔적임에는 틀림없다. 하지만 나는 이 모든 것들의 배후에서 스티브 잡스를 움직인 비결은 그만의 '태도'였다고 생각한다. 그는 다른 모든 이유를 젖혀두고 오직 한 가지 기준을 고수하는 태도를 보였다. '내가 사용하고 싶은가?' 이 물음에 걸맞은 답을 찾기 위해 그가 가진 모든 능력이 열정이라는 이름으로 똘똘 뭉쳤던 것이다. 이것이 태도로 외부에 비춰진 결과가 애플의 명성이다.

먼저 태도를 정하라

자, 인포프래너가 되어보자는 본론에 들어왔다.

"인포프래너, 무엇부터 해야 돼요?"

참으로 많이 듣는 질문이다.

인포프래너 방법론을 배워 그대로 해보겠다고 들이대기 전에 우선 해야 할 일이 있다. 인포프래너로서 당신의 태도를 먼저 정하는 것이다. 앞에서 언급한 양준혁 선수처럼, 스티브 잡스처럼 말이다. 당신은 이제껏 월급 혹은 보수를 받는 조건으로 타인, 혹은 조직을 위해 자신의 시간과 열정을 바쳐왔다. 그런 탓에 당신의 모든 것은 내가 아닌, 다른 누군가를 위해 일하는 방식으로 세팅되었을 것이다. 당신의 태도 또한 그에 준하는 방식으로 자리 잡혔을 것이다. 천만다행으로 남을 위해 일하는 애환과 교환하는 조건으로 당신에게는 특정한 분야나 일에 대한 재능과 전문성이 차곡차곡 쌓였다. 이제 당신은 인포프래너가 되어 그 재능과 전문성을 당신 자신을 위해 사용하기로 했다. 그러므로 당신의 태도 또한 그에 준해 새롭게 설정되고 행동으로 표현되어야 한다. 달라진 삶의 태도는 달라진 생각을 부르고 달라진 생각은 달라진 행동을 부른다.

태도(Attitude)는 '어떤 사람이나 물건에 대해 특정한 방식으로 생각하고 느끼고 행동하려는 학습된 성향'이라고 하버드대학교의 심리학자 고든 올포트 교수는 정의한다. 그에 따르면 태도는 세상을 보는 틀을 제공한다. 말하자면 삶을 어떻게 바라보고 인식하느냐가 행동으로 드러난 총체적인 패턴을 이르는 것이다. 그러기에 태도는 삶을 구성하는 그 어떤 조건에도 우선한다. 결국 요점은 재능(Aptitude)보다도 태도(Attitude)가 훨씬 중요하다는 이야기다.

광고쟁이 박웅현 씨는 흔히 우리가 광고란 아이디어 싸움이라고 인식하는 것을 이렇게 교정해준다.

"광고는 아이디어의 문제가 아니라 아이디어를 실현하고 말겠다는 태도의 문제다. 이러한 태도를 갖기에 많은 이들을 설득하는 등의 노력이 가능해진다."

나는 책쓰기를 코칭할 때 자신이 아니면 쓸 수 없는 책을 쓰라고, 그런 책이 아니라면 써선 안 된다는 태도를 강력하게 요구한다. 이 때문에 나에게 책쓰기를 지도받는 이들은 지옥훈련이라고 투덜대지만 결국 그런 책을 써낸다. 나의 태도에 영향을 받은 것이다. 자, 당신은 어떤 태도로 상징되는 인포프래너가 되고 싶은가?

어떤 인포프래너로 어떤 태도를 생활화해 남은 시간을 살 것인가? 당신의 태도가 확고하다면 인포프래너로서의 출발에는 어떤 어려움도 없을 것이다. 이유야 어떻든 선인장을 오르기로 한 고양이는 선인장 가시가 두렵지 않는 법이다.

　멕시코의 한 지역에서 붉은스라소니라는 별명의 보브캣 한 마리가 선인장 꼭대기에 올라앉아 있는 모습이 한 사진가에 의해 포착되었다. 원인은 보브캣을 향해 떼 지어 달려드는 사냥개였다. 살아남기 위해 보브캣은 4.5미터의 선인장을 두 눈 찔끔 감고 올랐을 것이다. 자신의 영역에서 혼자 사는 습성을 지닌 보브캣은 위험한 상황이 닥치면 선인장에 기어 올라가 안전할 때까지 있다가 내려오는 습성을 지녔다고 한다. 살아남기 위해서라면 그깟 선인장 가시는 무섭지 않다는 고양이의 태도는 참으로 많은 것을 생각하게 한다.

　그러면 인포프래너로서 다져야 할 태도는 무엇일까? 이 물음에 나는 영국의 철학자 줄리언 바지니가 자신의 저서 《빅 퀘스천》에서 표현한 '자기 존재의 저자'라는 말을 본떠 이렇게 되묻겠다. '당신이 당신이라는 존재의 책을 쓰는 저자라면 당신은 그 책을 어떻게 쓰겠습니까?'라고 말이다. 나는 당신이 인포프래너로 새로이 출발하며, 전혀 새로운 태도로 무장하기보다는 당신의 삶을 기꺼이 감당하는 태도를 가졌으면 한다. 여차하면 선인장으로 기어오를 수 있는 태도 덕분에 보브캣은 얼마든지 잘살 것이다. 당신 또한 인포프래너로 살아가기로 작정한 이상 어떤 경우에도 당당하게 '감당'하겠다는 태도를 갖는다면 당신이 두려워할 것은 아무것도 없다. 어떤 선택이든 기꺼이 감수하겠다는 태도라면 어떤 선택도 가능하고, 그로 인해 얼마든지 성장할 수 있을 것이다.

누가 나를 필요로 하는가?

마치 신발 끈을 동여매듯 인포프래너라는, 여태 살아보지 못한 삶을 살기 위해 태도를 새롭게 했다면 이제야말로 인포프래너가 되는 첫걸음을 떼보기로 하자. "인포프래너가 되려면 무엇부터 해야 해요?"라는 질문 못지않게 많은 것이, "나 같은 사람도 인포프래너로 평생현역이 가능할까요?"라는 질문이다. 자주 이런 질문을 받고, 그때마다 나는 웃는다. 내가 신기(神氣) 충만한 무속인이 아닌 다음에야 '척보고 아는' 재주는 없다. 다만 스스로 그 가능성을 타진해보는 방법을 알려줄 수는 있다.

맨 먼저 당신이 있는 곳, 당신의 좌표를 알아내고 출발지로 설정해야 한다. 자신의 좌표, 그러니까 당신이 어디에 어떤 모습으로 위치해 있는가 하는 맥락을 파악하는 것은 잊고 살았던 자신을 찾는 시간이다. 생업을 위해 밀쳐두었던 한 인간으로서의 야망과 그에 대한 열정을 되찾는 시간이기도 하다.

인포프래너로 출발하기 위해 입지와 맥락을 파악하는 것은 한 개인으로서의 당신이 아니라 비즈니스 대상과의 관계 속에서 자신의 입지를 파악하는 것이다. 나 이외의 사람들 가운데 주로 누가 나를 필요로 하는지, 어떤 경우에 필요로 하는지, 왜 필요로 하는지, 이러한 필요들에 대해 나는 어떻게 반응하고 대응할 것인지, 그러면 상대가 만족해할지, 이 필요들이 지속적일지 등을 파악해야 한다. 나아가 같은 필요를 가진 이들이 나를 알고 찾아올지, 그들을 감당할 수 있는지, 더 잘하고 싶은 욕구가 일어나는 분야인지, 그간의 커리어와 경험이 받쳐주는지 등을 총체적으로 파악해야 한다.

아울러 당신의 입지는 당신의 고객 안에서 발견해야 한다. 고객의 눈에 비친 당신의 모습이야말로 당신의 전부다. 주로 누가 당신을 필요로 하는가? 그들은 왜 당신을 필요로 하는가? 당신이 이러한 필요에 적절하게 대응하시는가? 그러면 상대는 만족하는 편인가? 이러한 필요는 지속적으로 이어지고 있는가? 앞으로도 계속될 것 같은가?

당신의 삶을
다이아몬드로 가공하라

　20대 후반, 여성지 기자로 일하며 나는 일찌감치 보석이나 주얼리의 세계에 눈을 떴다. 세계적인 다이아몬드 광산기업인 남아프리카공화국의 드비어스니 한국귀금속디자인협회니 하는 곳을 출입하며 취재하고 촬영했으며, 관련 전문가들과 교류해가며 다이아몬드의 광채와 명성을 탐닉했다.

　내가 처음으로 다이아몬드를 지닌 것은 결혼반지를 받기 훨씬 전의 일이다. 여자들의 결혼이 늦어지거나 결혼하지 않는 경우가 늘어나면서 다이아몬드의 수요가 줄고 있는 것을 간파한 드비어스 재팬이라는 일본 기업에서 다이아몬드의 수요를 촉진하기 위해 '솔리테어 프로모션'을 진행했다. 능력 있는 미혼의 여성들에게 남자가 다이아몬드를 줄 때까지 기다리지 말고 스스로에게 다이아몬드를 선물하라고 부추긴 이 프로모션은 우리나라에도 수입되었다. 이를 기사로 다루던 나는 그만 그 부추김에 넘어가 솔리테어 반지를 장만했다. 부추김에 넘어갔다기보다는 내가 나에게 주는 선물이라는 콘셉트에 매혹당했다. 만일 다이아몬드가 아니라 다른 보석이었다면 이 콘셉트가 그리 매혹적이지 않았을 것이다. 다이아몬드라는 보석이 가진 '최고'라는 상징이 이 콘셉트의 전부였다. 이를 계기로 일개 탄소덩이가 다이아몬드가 되는 과정에도 주목하게 되었고, 다이아몬드가 그토록 비싼 이유를 포함해 다이아몬드의 값을 결정하는 요소 등에 대해서도 절로 관심을 갖게 되었다.

다시 한 번 강조하지만, 인포프래너를 꿈꾸는 당신은 이미 다이아몬드다. 다이아몬드 원석이 상상을 초월하는 열과 압력(무려 지구 표면에서 약 150킬로미터 깊은 곳에 있는 맨틀이라는 층위에서 지표의 3만 배나 되는 압력과 400℃의 고온)에 의해 만들어지듯, 당신 또한 10년 혹은 그 이상의 시간 동안 현업을 경험하며 열과 압으로 다스려졌을 테고 또 그만큼 단단해졌을 것이다. 그러니 당신은 이미 당신의 내면에 이글거리는 광채의 다이아몬드를 품고 있는 원석이다. 다이아몬드 원석이 노련한 연마전문가에 의해 비싼 다이아몬드로 가공되듯 당신 또한 인포프래너로 연마되어 당신이 원하는 삶을 영위하는 일만 남았다.

원석은 어떤 경우에든 아름다운 다이아몬드로 변신할 수 있지만, 원석이 아예 없다면 혹은 원석 그 속에서 다이아몬드로 가공될 만한 어떤 것도 발견할 수 없다면 다이아몬드도 있을 수 없다. 세

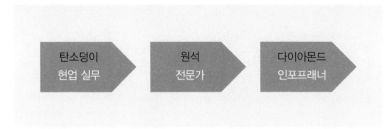

탄소덩이에서 다이아몬드까지의 변혁은
현업 실무자에서 전문가를 거쳐 인포프래너가 되는 과정과 거의 같다.

계적인 진주 브랜드인 미키모토의 창업주 미키모토 회장이 이런 말을 한 적 있다.

"좋은 진주에는 반드시 흠이 있다. 하지만 가공 과정에서 없어진다. 그런데 원래 볼 것 없는 진주는 절대 어찌해 볼 도리가 없다."

그렇다. 콘텐츠가 확실히 존재한다면 흠이 많아도 얼마든지 정보상품으로 만들어 팔 수 있다. 하지만 콘텐츠가 아예 없다면 그 사람의 몇 가지 돋보이는 장점이 있어도 팔리는 정보상품을 만들 수 없다. 같은 맥락에서, 나는 인포프래너는 목표가 아니라 아웃풋이라는 표현을 자주 쓴다. 인포프래너란 목표로 삼아 뛰어들면 도달하는 고지가 아니라 어떤 일을 계속 수월하고 우월하게 잘해온 결과라는 의미이기 때문이다.

나는 어떤 분야의
인포프래너가 될 수 있을까

인포프래너는 재능을 파는 일이다. 누구도 자기만의 재능을 타고난다고 믿어온 나는 인포프래너 코칭을 하며 매번 그 믿음을 확인한다. 재미있는 것은 남다른 재능을 가졌으면서도 외면한 채 살아온 이들이 생각보다 많고, 재능이랄 것도 없는데 갖은 수식어로 포장해 떠벌리는 이도 많다는 사실이다. 자신의 재능을 알아보지 못하는 것은 재능을 '일'에만 한정하기 때문이기도 하고, 자신감이 없기 때문이기도 하며, 자신에게 관심이 없어서이기도 하다. 내 재능은 이렇듯 자신의 재능에 무관심한 이들을 대상으로 그 재능을 간파해 발굴하도록 돕는 것이다. 누군가의 재능을 알아보기 위해 내가 오랫동안 갈고 닦은 능력은 대상을 섬세하게 살피는 것이다. 그가 내미는 프로필과 경력에 대한 자료 및 그가 하는 말과 행동, 글을 살피면 어렵지 않게 재능을 간파할 수 있다.

이 책을 통해 당신 스스로 당신의 재능을 찾아내는 방법을 가르쳐주겠다. 아래 질문에 답을 해보자. 당신의 재능이 점차 모습을 드러낼 것이다.

1. 내가 가장 흥미진진해하는 것은 무엇일까?

질 에이브람슨은 〈뉴욕타임스〉의 언론인으로, 이 신문 역사 160년 만에 여성 최초로 편집장이 된 맹렬 여성이다. 그런 자리에 오를 정도의 재능을 가진 그녀가 인포프래너의 삶을 계획한다면 아마도 이 같은 타이틀이 후광으로 빛나게 될 언론 비즈니스 관련 아이템이 아닐까? 그런데 그녀가 블로그와 첫 책으로 표현한 그녀의 재능은 애완견 양육이었다. 직업적인 재능보다는 〈월스트리트 저널〉에서 탐사보도로 활약한 전문기자 출신답게 애완견 양육기로 '미국인의 보편적 삶과 정신세계를 진지하게 다루는' 재능을 발휘한 것이다. 그녀는 그 같은 재능을 정보상품인 책으로 변환해 팔기 이전부터 이미 블로그에 포스팅했으므로 엄연한 인포프래너다.

이 사례가 의미하는 것은 직업적인 능력뿐 아니라 좋아하고 잘하는 것, 거기에 하고 싶어 하는 분야라면 얼마든지 인포프래너로 진출이 가능하다는 것이다. 잘하는 분야, 좋아하는 분야, 하고 싶은 분야의 공통점은 그 분야, 그 아이템에 얼마나 흥미를 가지는가이다. 재능이란 즐기는 것과 동일하기 때문이다. 직업이든 취미든 특기든 어느 분야에서든 당신의 재능을 다음 질문으로 발견할 수 있을 것이다. 질문마다 같은 답이 떠오른다면 그것이 당신의 재능이자 당신이 인포프래너로 헌신해야 할 아이템이다.

- 평소 당신은 무슨 생각을 가장 많이 하는가?
- 다른 사람과 대화할 때 당신은 무슨 이야기를 가장 많이 하는가?
- 다른 사람이 당신에게 무슨 이야기 듣기를 좋아하는가?
- 다른 사람을 위해 당신이 꼭 해야 한다고 생각하는 일은?
- 단지 당신이 좋아하는 일이기 때문에 꼭 해야 한다고 생각하는 일은?
- 다른 이들이 당신에게 묻는 것들의 대부분은 무엇인가?

당신의 재능과 그것에서 파생되는 인포프래너 아이템을 찾는 일은 이처럼 수월하다. 이미 당신에게 전부 있는 것이다. 나의 잡지계 선배인 김혜경 님은 '82쿡'이라는 사이트의 주인이다. 일하는 여자로 살며 빨리 밥 지어 먹기에 도가 트인 나머지 책을 쓰고 사이트를 열어 그와 관련된 재능을 팔고 있다.

2. 그 분야의 문젯거리는 무엇인가?

정말로 좋아하고 하고 싶고 잘하는 일을 찾았는가? 그것이 인포프래너 아이템으로 삼기에 손색없는 분야라면, 이제는 그 분야에 내가 뚫고 들어갈 틈을 찾아야 한다. 이를 위해서는 그 분야의 고객층을 잘 살펴야 한다. 누가 내 고객이 되어줄까를 잘 살펴본다는 말이다. 그 분야의 고객은 현재의 서비스에 대해 만족하는가? 아니라면 어떤 불만을 갖고 있는가? 여러 전문가에 의해 다양한 서비스가 계속됨에도 불구하고 고객들이 여전히 곤란을 겪는 문제점은 무엇인가? 또한 당신이 보기에 고객이 스스로도 모르고 있는 욕구는 어떤 것이 있는가? 이를 파악할 수 있다면 당신의 진입로는 활짝 열린 것이나 다름없다.

이러한 탐색과 아울러 곧 자신의 고객이 될 이들과도 미리 만나자. 그들과 함께 시간을 보내고 그들을 관찰하자. 그들이 입 밖으로 내뱉는 말과 함께 차마 말하지 못하는 것들까지 파악해야 한다. 이미 인포프래너로 비즈니스를 하고 있는 이들도 만나보자. 정당하게 비용을 치르고 고객으로 그를 만나는 것이다.

업계의 잡지나 신문 등 저널을 통해 그들이 해결 곤란해 하는 문제점을 파악해야 한다. 무엇보다 당신의 예비 고객들을 대상으로 직접 물어보는 과정이 필요하다.

오동주 님은 은퇴를 앞두거나 막 은퇴한 이들의 마음공부를 돕는 인포프래너다. 그는 은퇴를 준비할 당시 오래 함께한 수행공동체의 다양한 프로그램으로 매우 큰마음의 위로를 받았다. 반면, 같은 입장의 다른 은퇴자들은 당면한 갈등에 크게 아파하고 힘들어하는 것을 목격했다. 또 그런 상태의 은퇴자들과 만나 이야기를 나누고 경험을 공유하는 과정에서 매우 큰 보람을 느끼기도 했다. 이렇게 예비고객을 다수 미리 만나본 끝에 오동수 님은 은퇴를 앞두고 마음을 다독일 수 있는 프로그램을 만들어 전수하는 세미나를 열기 시작했다.

나는 이런 오동수 님에게 '은퇴자를 위한 셰르파'라는 닉네임을 선물했다. 은퇴를 준비하는 이들에게 오동수 님은 히말라야를 오르는 알피니스트들에게 큰 의지와 힘이 되는 셰르파와 같은 존재이기 때문이다.

3. 그 분야 그 문젯거리에 대한 나의 대안은?

두 번째 단계에서 파악한 문제점을 정리해보자. 문제의 핵심은 무엇인가? 그러한 중차대한 문제가 지금껏 방치된 이유는 무엇이라 생각하는가? 당신이라면 고객들의 이 같은 문제를 해결하기 위해 어떤 처방을 내놓을 수 있는가? 그 처방은 정말로 독자들의 해묵은 문제점을 해결해주고, 나아가 그들 자신도 모르고 있던 숨은 욕구를 달래줄 수 있는가? 당신의 대안을 해법으로 제시해보자. 당신의 대안은 어떤 경우에 어떤 방법으로 도움을 줄 수 있는가?

워크숍을 진행하다 보면 이 과정에서 가로막혀 더 이상 앞으로 나갈 수 없는 경우가 흔하다. 타고난 재능과 어떤 업무를 계속하면서 일처리가 능숙해진 것을 착각했기 때문이다. 직장에서 월급을 받으며 어떤 일을 오랫동안 하다 보면 뜻하지 않게 그 분야 전문가 소리를 듣게 된다. 당사자 또한 '내가 이 분야의 전문가'라는 생각을 하게 된다. 물론 그런 가능성도 상당하다. 우리가 얼마나 열심히 일하는가? 내가 일을 하는지, 일이 나를 움직이는지 분간하기 힘들 만큼 일에 빠져 살기도 한다. 그렇다고는 해도 어느 조직에서 조직의 인프라를 기반으로 줄곧 해온 어떤 일이 탁월한 성과를 보였다고 해도 이것이 곧 당신의 재능이라는 공식은 성립되지 않는다.

공무원에 임용되어 중앙행정부에서 한 가지 일을 10년 가까이 해온 사람이 있다. 그가 하는 말이나 정리해놓은 프로필을 얼핏 보면 전문가임이 확연해 보였다. 하지만 프로필의 행간에서 그의 주장과는 다른 것을 읽을 수 있었고, 그에게 몇 번의 질문을 건네고 답을 듣는 순간 역시 내 짐작이 맞았음을 알아차렸다. 그는 자신의 힘과 회사의 힘을 혼동하고 있었다. 호기 있게 내세우는 성과가 온전히 자신의 역량으로 이룬 성과인지, 회사가 전략적으로 받쳐주었기 때문에 가능한 성과인지를 구분하는 개념이 없었다. 결론적으로 그가 직장의 명함 없이, 직장의 경험체계와 업무수행을 위한 인프라의 도움 없이 제삼자에게 전수해줄 해법을 가졌는가가 의문스러웠다.

코칭 과정에서 만나는 이들 중에 이런 사람들이 참으로 많다. 스스로는 목표 고객의 문제를 해결해줄 자신만의 솔루션을 가진 전문가라고 생각하지만, 조직에서 부여한 과업을 수행해온 전문적인 직장인에 불과하다는 생각을 미처 하지 못하는 이들 말이다. 이런 경우, 원인은 업무적인 능력을 자신의 재능으로 계발하지 않은 데서 발생한다. 직장을 떠나서는 관련 업무를 하는 이들에게 자신만의 노하우와 정보를 전달하기가 불가능했다. 당신은 이를 뛰어넘을 대안을 찾아야 한다.

4. 그 밖에 나의 관심사를 사로잡는 것은?

대체로 재능은 밥벌이 때문에라도 오랜 시간 열과 성을 투입하는 직업적인 영역에서 발휘된다. 오래전부터 직업은 신이 피조물과 연결하기 위해 만든 장치였다는 믿음이 있다. 그 때문에 직업의 연장선상에서 인포프래너로 재출발하는 것은 수월하다. 하지만 늘 그런 것은 아니다. 나 역시 코칭을 하면서 뜻밖의 부분에서 재능을 발휘하는 사람을 많이 발견한다.

박경철 씨가 '시골의사'라는 닉네임으로 유명해지기 시작한 것은 의사로서가 아니라 대학 시절부터 관심 가져온 주식투자에 관한 책을 쓰고 강연하면서부터다. 소화기내과 전임의인 박광혁 씨는 진료실 다음으로 시간을 많이 보내는 미술관에서 캔버스 속 인물을 가상진료하는 취미를 발전시켜 《미술관에 간 의학자》라는 책을 내기도 했다. 세계적인 지휘자 정명훈 씨는 가족들에게 손수 요리를 해 먹이는 것으로 유명하다. 그가 지은 요리책은 나도 소장할 만큼 썩 잘 팔리는 정보상품이었다.

그런가하면 교육부 공무원으로 국립대학에 근무하는 박병태 씨는 독학으로 다져온 고단수 영어실력을 노하우로 정리해 동료 공무원들에게 영어를 가르쳐 왔다. 공무원 영어선생님이라는 별명에 힘입어 내용을 책으로 써내기도 했다. 그는 정년퇴임 후 영어학습법 전문가로 인포프래너로 데뷔하리라 잔뜩 벼르고 있다.

강원도 하면 여행지로 잘 알려져 있다. 이곳의 산과 강, 사람과 역사를 날실과 씨실로 엮어 강원도 인문서를 펴낸 공무원이 있다.

책을 낼 당시 국무총리실에 근무하는 50대 공무원이었던 그는 강원도에서 근무하던 무렵에 경험한 내용을 스토리텔링으로 풀어 눈길을 모았다. 저자 홍인희 씨는 공주사범대 교수로 자리를 옮겨서도 강원인문학 전령사로서 역할을 톡톡히 해내고 있다. 자기만의 콘텐츠를 가진 덕분이다.

당신도 취미나 특기, 특별한 경험이나 관심사 등에 대해 타인에게 정보나 노하우로 전해줄 만한 콘텐츠를 가졌는가? 그렇다면 어떤 직업으로 살아왔든 상관없이 이 관심사를 인포프래너 아이템으로 개발해도 좋다. 이 경우, 먹고사는 문제로 밀쳐두었던 숨은 재능이 인포프래너로 재출발하도록 돕는 견인차가 되어주니 조금 아이러니다.

5. 지금부터 인포프래너를 준비하려면 무엇을 해야 할까?

남다른 재능을 지녔고, 그것을 발견해내는 것이 어렵지 않으며, 그 분야의 고객을 미리 만나 문제점을 파악하고 그들에게 해법을 제시할 수준이 되었다면, 지금 당장 인포프래너로 항해를 시작해도 문제없다. 하지만 아직 그 정도로 자신이 없다면 차분히 몇 년 준비하는 시간을 가져야 한다. 인포프래너로 독립하는 그날까지 남은 시간은 다양하겠지만 그동안 해야 할 일은 같다.

첫째, 자신만만한 분야를 설정하는 것이다. 대략이나마 당신이 자신 있어 하는 분야를 찾아 그것에 대해 얼마나 잘 아는지, 그것을 얼마나 잘 써먹는지, 그것을 남들에게 가르치거나 이야기하는 것을 즐기는지 알아내라. 대체로 이런 일은 당신이 풍부한 경험을 통해 잘 알고, 당신이 늘 하는 일로 전문가로 인정받으며, 이러한 일을 통해 당신의 수입원이 창출되고 이 일을 다른 이에게 즐겨 가르치며, 이 일에 관한 한 다른 사람의 성과를 평가할 수 있다.

한마디로 당신은 이 일에 대해 '지행용훈평'*을 할 수 있다. 한 분야에 대해 속속들이 얼마나 아는가[지(知)], 아는대로 행하는가[행(行)], 그것을 자유자재로 써먹는가[용(用)], 그것에 대해 가르칠 수 있는지[훈(訓)], 그것에 대해 평할 수 있는가[평(評)], 즉 한 분야에 대해 얼마나 탁월한 전문가인지 그 적합도를 알아보는 기준이다.

나는 이 기준을 인포프래너로서의 자격을 갖췄는지 점검할 때 적용하곤 하는데 이 기준에 부합할 경우, 인포프래너로 성공할 확률이 높다. 그러니 어떤 한 분야에 대해 누군가에게 어떤 경우에 '지행용훈평'을 할 수 있다면 그 분야를 인포프래너 아이템으로 만들 수 있고, 인포프래너가 된 이후에도 그 아이템으로 지행용훈평이 가능하게 된다.

둘째, 누구에게 통하는가를 파악하는 것이다. 당신이 그것에 대해 이야기하거나 그것을 써먹을 때 누가 반기는지 살펴 누구에게 어떤 효과를 주는가를 파악해야 한다.

셋째, 통하는 포인트를 찾아야 한다. 다른 사람들이 그 분야의 전문가를 두고도 당신을 찾는다면 왜 그런지 이유를 찾아내자. 당

---

* '지행용훈평'이란 삼성그룹에서 임원을 임명할 때 평가하던 기준이라 한다.

신을 찾는 이들에게 직접 물어보면 쉽게 알 수 있을 것이다.

넷째, 상품화해보라. 당신이 잘하는 일을 하나의 상품으로 만들어보자. 즉 누구에게 어떤 가치를 전하는 상품인지 파악해 이름을 붙이는 것이다. 그리고 어떤 프로세스로 어떤 스펙으로 서비스를 제공하는지를 결정해 값을 매긴다.

다섯째, 피드백을 통해 개선하라. 블로그를 열어 상품에 대한 정보를 제공하고 상품을 팔아보라. 당신이 아직 인정받은 상태가 아니기 때문에 돈을 내고 사겠다는 사람이 없을지도 모른다. 이때는 피드백을 전제로 상품이나 서비스를 무료로 제공하라. (예비)고객의 평가와 반응을 토대로 상품을 보완하고 개선하며, 개선된 상품이나 서비스를 다른 고객들에게 계속 무료 제공하라. 무료로 제공하는 일이 손해인 듯하고 녹록치는 않지만 고객마다의 반응과 피드백이라는 성과가 생길 것이고, 이 성과는 인포프래너로 출발하는 데 크나큰 발판이 되어준다. 이 과정에서 중요한 것은 있어도 그만, 없어도 그만인 도움이나 서비스가 아니라 상대가 돈을 주고라도 서비스 받고 싶은 상품을 '무료로' 제공하는 것이다.

한마디로
내 주제를 파악하자는 이야기

　나카히라라는 일본 화가의 개인전이 서울에서 열린 적 있다. 전시회의 제목이 〈키리카에 전(展)〉이었다. 나는 이 제목이 무척 마음에 들었다. 일본말 '키리카에'란 '변환'이라는 뜻이다. 전시회를 돌아보며 '인포프래너의 삶 또한 키리카에다'라고 중얼거렸다. 내 몸에 꼭 맞는 옷을 입고서 모든 경험과 모든 의사결정을 스스로, 그 결과에 대한 영광은 물론 잘못도 혼자, 그 과정에서 성장하는 기쁨도 혼자서 차지하는 인포프래너는 얼마나 자유로운 영혼에로의 '키리카에', 변환인가? 소득이 높아질수록 행복에 대한 의구심 또한 높아가는 시대에 온전한 자기 자신으로 존재하며 가장 잘하는 일을 하면서 사는 인포프래너야말로 진정 자유로운 영혼일 것이다.

당신의 아이템을 검증하는 세 가지 방법

앞서 몇 단계의 질문을 통해 나의 재능이다 싶은 아이템을 발견했는가? 그렇다면 과연 내 재능이 맞을까 하는 의구심을 다음의 방법으로 검증해보자.

1단계 : 인터넷 키워드 검색

그 아이템을 키워드로 인터넷 검색을 해보자. 당신의 미래 고객들에게 해당 아이템이 이미 서비스되고 있는지를 살피는 것이다. 만일 그런 정황이 검색되지 않는다면 답은 두 가지다. 비즈니스로 택할 만큼의 시장이 형성되지 않았다는 것, 또는 아직 당신처럼 눈 밝은 이가 없었다는 것이다. 반대로 만일 여러 선발주자들이 난입해 있는 상황이라면 시장 규모가 상당하고 성장 가능성이 크다는 뜻으로 받아들여도 좋다.

2단계 : GEL 체크

운 좋게 선발주자가 눈에 뜨이지 않거나, 그다지 영향력이 없는 상황이라면, 당신의 아이템으로 챙길 만한 가능성이 충분하다. 이번엔 G.E.L 체크를 해보자. 성장 가능성(Growth)과 열정(Enthusiasm), 당신이 무한한 애정(Love)을 느끼는 분야인가를 마지막으로 한 번 더 점검해보는 것이다.

3단계 : 3M 체크

2단계 검증 과정까지 통과했다면 그 분야는 당신의 재능이면서 인포프래너 비즈니스 아이템이 분명한다. 마지막으로 그 재능으로 인포프래너 비즈니스에 임하는 당신의 아이디어를 점검해보자. 인포프래너는 3가지 M으로 시작하는 조건을 갖추어야 한다.

첫째 조건은 메시지(Message)로, 인포프래너로서 당신은 고객에게 무엇을 전하고 싶은지 분명해야 한다. 고객의 문제를 해결해주면서 또 말이나 글로 당신의 비즈니스를 설명하며 당신이 하고 싶은 말의 핵심은 무엇인가요? 그 말과 글, 당신의 메시지가 당신의 목표 고객에게 어떤 가치를 제안하는가? 당신의 메시지에는 고객들이 한 번도 접하지 못한 아찔하고 담대한 제안이 포함되어 있어야 한다.

둘째 조건은 미디어(Media)로, 메시지를 다양한 방법으로 전달하고 설득하고 유혹하는 방법론을 말한다. 어떤 미디어을 통해 당신의 메시지를 전파해야 가장 설득력이 있을까? 트위터? 페이스북? 홈페이지? 혹은 요즘 유행하는 콘서트 형식의 퍼포먼스? 일대일 과외? 어떤 미디어인지가 중요한 게 아니라 당신의 메시지에 가장 적확한 미디어를 확보해 지속적으로 메시지를 전파하는 것이 중요한다.

셋째 조건은 메신저(Messenger)로, 유능한 인포프래너는 존재 자체가 메시지이자 미디어여야 한다. 언행일치가 안 되는 인포프래너는 고객에게 자신을 팔 수 없다. 내가 인포프래너로 살고 있지 않으면서 당신에게 인포프래너가 되라고 한다면 당신은 내 말을 귀담아듣겠는가? 인포프래너로서 당신이 행하는 모든 것에는 당신이 지향하는 가치가 전달되어야 한다.

법정 스님의 삶은 평소 강조하던 '무소유' 그 자체였음을 우리는 익히 알고 있다. 당신은 당신의 메시지대로 살고 있는가?

즐기지 않고는 계속할 수 없다

철강기업 포스코에서 정년퇴직한 정대교 님은 제강 분야 명장 칭호를 얻을 만큼 뼛속까지 제강인이었다. 하지만 그의 후반생은 기능인을 위한 진로지도강사로 시작되었다. 청소년, 청년들에게 진로를 이야기하는 이들은 참으로 많다. 하지만 정대교 님은 기능인들을 대상으로 특화된 이야기를 해준다. 살아온 삶을 토대로 기능인의 삶을 제시하는 일이고 보니, 유명 대학을 나온 엔지니어보다 더 많은 보수를 받으며 존경받는 기능인으로 살아가는 방법을 이야기할 때 그 자부심에 목소리가 절로 높아진다 한다.

우리가 부러워하는 인포프래너들의 성공담을 귀담아 들어보면 한결같이 이렇게 증언한다.

"좋아하지 않고 즐기지 않았다면 버틸 수 없었다."

나 역시 겪어보니 좋아하는 일, 하고 싶은 일, 충분히 경험한 것이라야 잘할 수 있다는 믿음이 확고하다. 잘하는 것이라야 고객들이 돈을 내고 정보와 경험을 전수받으려 할 것이고, 잘하는 것이라야 오래 할 수 있다. 인포프래너로 성공하는 비결은 좋은 결과가 올 때까지 인포프래너의 길을 포기하지 않는 것이다. 운이 닿을 때까지 계속해야 하는데, 좋아하는 것, 잘하는 것, 하고 싶은 것이 아니라면 계속 하기 힘들기 때문이다. 듣기 좋은 꽃노래도 한두 번이란 말이 있다. 아무리 좋은 것도 계속 되풀이하면 물리는 법이다. 즐거운 일이 아니라면 지속적으로 해내기란 정말 어렵다. 만화가 이홍우 선생도 이렇게 말한다.

"40년간 1만 2,000여 편의 4컷 만화를 그렸다. 즐기지 않고는 할 수 없는 일이었다."

인포프래너 아이템으로 변신하게 될 당신의 재능은 당신이 느끼기에, 또 다른 이가 보기에 이론의 여지가 없어야 한다. 만일 당신 스스로 A라는 분야에 대해 재능을 가진 전문가라고 생각하는데, 주위에서나 고객이 보기에 그렇지 않다면 당신과 비즈니스를 하려고 하지 않을 것이다. 반대의 경우도 많다. 남들은 모두 A분야의 전문가로 당신을 꼽는데, 당신은 그 분야의 일을 하기 싫다. 이럴 때도 고객이 당신과 비즈니스를 하기란 쉽지 않다.

앞서 지적했듯, 인포프래너로서 죽는 날까지 현역의 삶을 유지하게 할 아이템의 핵심은 흥미진진이다. 당신이 끝없이 재미있어하고 다른 사람이 당신의 재능으로 보아주는 그런 영역, 분야를 택해야 한다. 남들이 이미 시작해 수많은 이들이 이미 큰 재미를 보고 있더라도, 그래서 내가 비집고 들어갈 틈이 없어 보여도 '그렇더라도 나는 이것을 하겠어'라는 생각이 든다면, 당신의 아이템이 맞다. 당신이 가려는 그 분야에 아무리 대단한 선발부대가 점령

해 있더라도 그 길이 당신의 길이라고 생각한다면 당당하게 진군
하라. 좋아하는 일, 하고 싶은 일, 잘하는 일이므로, 운이 당신에게
쏟아질 때까지 당신은 견뎌낼 수 있을 것이다.

인포프래너의
단 하나의 준비물

2002년 말, 나는 회사형 인간에서 해방되었다. 비록 회사에서 도망쳐 나온 것은 이듬해 봄이었지만, 인포프래너를 마음먹은 즉시 나는 인포프래너로 창업했다. 정보를 파는 1인 기업가인 인포프래너로서 내가 파는 정보상품은 '이름 석 자가 브랜드가 되게 하는 퍼스널마케팅 노하우'다. 정보는 책이나 강연, 코칭 등의 방법으로 상품화해 고객에게 제공한다. 책은 출판사와 협업해, 코칭이나 세미나, 워크숍 등은 내가 주도적으로 판매한다.

명함 하나면 충분하다

인포프래너라는 개념조차 낯선 상황에서 16년차라고 하니, 많은 이들이 여러 가지를 궁금해 하며 묻는다. 그 가운데서도 "얼마나 탄탄한 계획으로 시작했으면 16년씩이나 계속할 수 있어요?"

"그간 쌓아올린 비즈니스 인프라가 대단하겠네요?" "그렇게 시작하려면 준비할 것도 상당히 많지요?"라는 질문이 베스트 3을 차지한다.

이런 질문을 받을 때마다 약간 민망하다. 아무리 돌아봐도 그 당시, 사업 준비를 위한 어떤 계획도 하지 않았던 게 분명하기 때문이다. 그 당시 내가 준비한 것이라곤 달랑 명함 한 통이었다. 명함은 한 번 디자인해두면 인쇄할 때마다 200여 장 단위로 찍어내는 것이 일반적인데, 여기에 든 비용이 2만 원 정도였다. 이후 한참 시간이 흘러 책이란 상품으로 정보를 팔았고, 그와 연동되는 블로그(인터넷 카페)를 시작했다. 블로그 또한 돈이 들지 않는다. 책은 원고를 쓰면 출판사에서 돈 들여 제작하고 판매해 수익을 나눠주니 돈 들 일이 없다.

블로그를 운영하다 보니, 따로 영업이나 마케팅하지 않아도 고객과 지속적으로 소통하는 발판이 되었고, 책은 분야의 전문가로 나를 우뚝 서게 해준 수훈갑임을 알게 되었다. 블로그를 운영하고 책을 쓰는 일은 인포프래너로 시작할 당시 전혀 생각도 못하던 것이다. 명함 한 장으로 인포프래너로 비즈니스를 하는 과정에서 생각이 발전된 결과일 뿐이다. 시간을 두고 경험한 끝에 지금은 인포프래너로 새 출발하는 이들에게 명함과 블로그, 책을 준비한 뒤 시작하시라 조언하고 있지만, 사실 인포프래너가 되는 데는 명함 한 장이면 충분하다.

비즈니스 세계에서 명함은 당신이란 우주가 담기는 그릇이다.

나도 꽤 괜찮은 조직이 만들어준 명함에 목매던 시절이 있었다. 그 명함으로 안 가는 곳, 못 가는 곳 없이 드나들고, 만나지 못할 사람, 만나선 안 될 사람에 대한 구분 없이 들이댔었다. 명함을 앞세워 설칠 때는 그게 다 내가 잘나서 가능한 일인 줄 알았다. 명함을 만들어준 이들의 손바닥에서 놀아나고 있음을 차마 몰랐다. 하지만, 다행히도 너무 늦지 않게 이를 깨달았다. 사람들이 나를 그토록 알아 모신 것은 '나'가 아니라 내가 내밀던 명함에 찍힌 회사 이름이었음을. 특히 남자들은 명함을 자기 자신의 아바타로 착각한다. 명함의 직위가 올라가면 그의 아바타도 덩달아 춤을 추고, 명함이 사라지면 아바타가 울부짖는다. 갖은 허탈과 공허감에 우울해진다. 더러는 누구에게라고 할 것 없이 차오르는 분노를 다스리느라 건강을 해치기도 한다.

리더십 전문가인 마이크 모리슨 박사는 "내가 가진 자부심의 원천이자, 죽어라 달려온 이 모든 타이틀을 다 떼어내고 난 뒤에도 '나'는 과연 '나'일까? 명함 앞에 인쇄된 글씨들이 모두 사라진다 해도 지금과 똑같은 모습으로 살아갈 수 있을까? 모든 타이틀을 떼어버린다면 무엇을 생존의 무기로 삼을 것인가?"라고 꼬집었다. 내가 사용할 명함을 내가 만든다는 것에 인포프래너로 살아야 하는 이유와 의미가 모두 담긴다고 해도 과언이 아니다. 이제야 말로 당신 삶의 주인으로서 살 수 있다는 뜻이기 때문이다.

퇴사와 함께 사라지는 명함에 미련을 버려라

지금 나는 내가 만든 명함으로 비즈니스를 한다. 내 작업실 컴퓨터 앞에는 명함꽂이가 있고, 거기에 내 명함이 꽂혀 있다. 가끔씩 명함을 쳐다본다. 내가 좋아하는 보라색으로 포인트를 준 이 명함이 어찌나 근사한지 볼 때마다 감탄이 나온다. 뭐, 명함 디자인이야 알아주는 디자이너가 했으니 폼 나지만, 내 명함이 내뿜는 파워는 내로라하는 기업들의 로고가 대문짝만하게 박힌 명함에 비하자면 그리 대단하지는 않을 것이다.

하지만 그것에 전혀 기죽지 않는다. 누구도 어떤 이유로도 거둬들일 수 없는 명함이니까. 혼자 16년씩이나 사용하며 비즈니스를 일군 수훈갑이니까. 그런 만큼 누군가가 대단한 기업의 이름이 적힌 명함을 내밀어도 전혀 부럽지 않다. 그건 다른 이로부터 하사받은 것일 뿐이다. 명함 속 그의 지위가 아무리 높아도 언젠가는 명함을 반납해야 한다. 그때가 되면 그는 이미 16년씩이나 스스로 만든 명함으로 뛰어다니며 홀로서기의 기반을 다져온 내가 부러워질 것이다.

당신의 명함은 누가 만들어준 것인가? 그 명함을 반납해야 하는 때는 언제쯤일까? 혹 시간이 된다면 그 명함을 한번 뒤집어보라. 앞면의 영문 표기가 아니라면 거기엔 아무것도 없을 것이다. 앞면의 그 파워풀한 브랜드 로고가 비치지도 않을 것이다. 그것이 그 명함이 사라진 뒤의 당신의 현실이다.

인포프래너를 꿈꾼다면, 언제 시작하든, 지금 바로 명함부터 만들자. 기업의 명함으로 치면 회사 이름에 해당할 당신의 이름 석 자가 크게 부각되도록 디자인해달라고 제작사에 부탁하자. 이름 옆에 무엇을 하는 사람인지 한마디로 명료하게 써넣는다. 늘 사용하던 회사 이메일 말고, 개인 메일을 넣고, 만일 회사에서 준 휴대폰을 쓰고 있다면 따로 휴대폰을 마련해 그 번호를 넣어라. 지속적으로 업데이트되는, 당신의 마케팅플랫폼이 되어줄 블로그 주소도 넣자. 이렇게 명함을 만들어 개인적인 일로 누군가를 만날 때는 이 명함을 사용하자. 그러다가 훗날 조직을 완전히 벗어날 날이 오면, 조직의 명함은 휴지통에 버리고 나와야 한다.

　나는 인포프래너를 목표로 코칭을 시작할 때 가장 먼저 하는 것이 명함을 만들어 선물하는 일이다. 명함에는 미래만 있다. 지난 삶이 얼마나 영화로웠던 그 흔적은 전혀 없다. 생각보다 명함 효과는 뛰어나다. 명함을 선물 받은 이들이 인포프래너의 힘난한 여정에 박차를 가하는 힘이 느껴지기 때문이다.

Information mation
Entre Preneur

Merchandising

경험과 전문성, 기술, 재능을 상품화하는 비결은
'나'라는 광산에 잠재된 원석－시간과 경험으로 형성된 강점－을 채굴하는 것에서 시작한다.
채굴한 나만의 원석을 사람들이 갖고 싶은 보석으로 만들기가 바로 상품화의 핵심이다.
채굴된 내용물을 목표한 고객들이 원하도록
－기대와 흥분을 일으키게끔 변환해놓은 것을 콘텐츠라 한다.
이 콘텐츠를 유통경로에 따라 포장해 출시하면 정보상품이 되는 것이다.
결국 재능의 상품화 과정에서 가장 중요한 것은
'내 것을 채굴(mine)해 내 것(mine)으로 만드는' 과정이다.
나는 이 과정을 '마이닝'이라 부른다.

PART 03

인포프래너
상품전략

내 삶에서
다이아몬드를 발견하는 법

다이아몬드는 '모암'이라고 불리는, 다이아몬드 원석을 함유한 돌덩이를 채굴하는 것으로 가공이 시작된다. 값진 원석을 품은 것으로 추정되는 모암이 채굴되면 전문가는 이 돌덩이에서 다이아몬드 원석만 남기는 작업을 한다. 이렇게 골라낸 원석을 커팅하면 광채가 아름다운 나석으로 변한다. 나석은 그대로도 값비싼 보석이지만 주얼리 브랜드에서 반지나 목걸이 등으로 세팅되면 더욱 비싼 값에 거래된다. 이때 값은 당초 모암의 가격에 비할 바가 아니다.

다이아몬드가 상품으로 만들어지는 과정을 들여다보면 인포프래너를 길러내는 일을 하는 내 비즈니스와 참으로 흡사하다. 우선 나는 누구든 한 분야에서 오래 일해 왔거나 한 아이템을 오래 파고든 사람이라면 다이아몬드라는 값비싼 보석으로 가공되기에 충분한 원석을 품고 있다는 믿음으로 고객과 마주한다. 내가 하는 일의 본질은 누군가의 삶이 어떤 원석을 함유하고 있는가를 간파하고 그 원석을 어떻게 가공해야 가장 비싸게 팔리는 인포프래너라는 상품이 될 수 있을까를 궁리하고 가이드하는 것이다.

코칭을 위해 고객과 여러 번 만나 이야기하고 지켜보고 자료를 검토하는 과정에서 3Rs라 이름 붙인 방법론을 적용하다 보면 어느 시점에선가 내 예민한 촉수가 그의 삶 속에 내재된 원석을 발견하고는 딸랑딸랑 종을 울려준다. 그 종소리를 당신 스스로 들을 수 있도록 3Rs 방법론을 공개하겠다.

3Rs는 리마이닝(Remining : 자기발견), 리프레이밍(Reframing : 의미의 재구성), 리크리에이팅(Recreating : 새로운 가치의 창조)이라는 3단계 R로 시작되는 단계를 말한다. 이 도구로 많은 이들의 평생현역을 설계해주며 느낀 것은 세계적인 컨설턴트인 톰 피터스가 말한 대로 대부분의 사람들은 자신의 직업에 대해 너무 겸손하다는 것이다. 알게 모르게 의미 있는 삶을 살았는데도 그것을 발굴해 상품화하는 방법을 몰라 대부분의 재능을 썩히고 있다는 것이다.

3Rs로 찾는 내 안의 다이아몬드 원석

첫 번째 도구인 '리마이닝'은 지나온 삶을 돌아보며 그 속에 내재된 재능에 대한 단서를 채굴하는 작업이다. 삶의 깊은 심연 속에 파묻혀버린 의미의 일단들을 캐내는 작업인 것이다. 당신의 삶에는 어떤 이야기와 어떤 단서들이 담겨 있을까?

개인의 가치창출에 능한 마커스 버킹엄은 당신의 삶이 보여준 당신의 재능, 당신의 기술, 당신이 터득한 지식의 교차점에 바로 당신의 이야기, 당신의 주특기이자 재능, 당신의 강점이 있다고 말한다. 마커스 버킹엄은 지식과 기술은 학습과 경험으로 얻게 되며 재능은 타고난 능력이자 소질 혹은 생산적인 패턴인 재능이 결합한 것이라고 설명했다. 그러므로 '강점'은 특정 분야의 성과와 가치를 창출하는 능력을 말하며, 탁월하고 수월하게 어떤 일을 지속적으로 해내는 것이다. 또 거의 매번 성공하고 반복되며 만족을 가져다주는 재능이자 기술이며 지식의 총체다.

　나는 마커스 버킹엄의 주장에 전적으로 동의한다. 책쓰기와 인포프래너를 코칭하는 과정에서 이를 숱하게 검증해왔으니 말이다. 당신이 가장 잘 알고 있는 어떤 것, 당신이 가장 자신 있게 해내는 어떤 것, 당신이 자유자재로 구사하는 기술, 이 세 가지의 교차점에 바로 당신의 강점이 있다. 이 강점이 인포프래너로 살아갈 당신의 아이템이다.

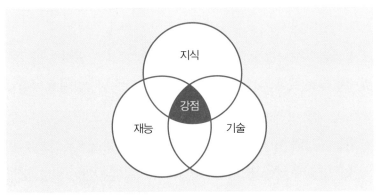

마커스 버킹엄이 주장한 강점이 위치하는 자리

두 번째 도구인 '리프레이밍'이란 나의 강점을 둘러싼 의미를 찾는 작업이다. 보는 관점을 달리해 발상을 전환하는 작업이기도 하다. 고정관념과 사회적인 통념 등으로 당신의 이야기와 강점을 가둬왔던, 굳어진 틀을 해체하고 지금까지와는 다른 관점에서 해석해 그 의미를 재구성한다.

세 번째 도구인 '리크리에이팅'은 세상에서 유일한 내 인생, 내 생각, 내 느낌, 내 경험에서 탄생한 나만의 강점과 그것의 의미를 독자가 탐내는 가치로 변환시키는 도정 작업이다.

채 선생님의 인디언서머

직장인으로 정년을 맞은 채 선생님은 720만 베이비부머의 가장 평균적인 모습이다. 열심히 사노라 살았는데 믿기지 않게 55세에 정년을 맞이했고, 인정하기 싫지만 익숙하고 정든 직장을 떠나야 했다. 그 2~3년 전부터 채 선생님은 회사가 마련해준 은퇴준비프로그램을 수강했고, 스스로도 세미나와 워크숍을 찾아다니고 관련 도서를 읽으며 은퇴를 준비했다. 적극적인 준비를 통해 남부럽지 않게 살아온 지난 시간들처럼 앞으로도 그렇게 살 수 있다고 확신하고 싶었다. 하지만 순간순간 밀려드는 쓸쓸함과 좌절감에 의기소침해졌고, 급한 마음에 주위에 널려 있는 관념적인 노하우를 좇다 보니 휘둘리기 일쑤였다. 이런저런 시행착오를 하지 않을 수 없었다.

이런 와중에 채 선생님과 내가 만나 코칭을 주고받게 되었다. 채 선생님을 만나서 연구하고 조사한 결과 실제로 대부분의 은퇴자들이 채 선생님처럼 의기소침해하고 시간과 비용을 낭비하면서 절망을 더해간다는 사실을 알게 되었다. 만약 채 선생님이 은퇴 준비에 관한 직접적이고도 실질적인 경험을 고스란히 살려 매뉴얼로 만들 수 있다면 예비 은퇴자들에게 매우 요긴하리란 생각이 들었다.

인디언들은 가을이 되기 전 찾아오는 반짝 더위(이를 인디언서머라 한다)를 활용해 겨우살이 준비를 한다. 내가 보기에 채 선생님의 '은퇴 준비기간'은 '인디언서머'였다. 이 비유를 마음에 들어 한 채 선생님은 은퇴 준비기간을 이렇게 활용해보자는 다양한 제안과 노하우를 함축한 인디언서머노트를 만들기로 했다. 인디언서머노트에 수록된 리스트를 하나씩 해나가다 보면 누구라도 시행착오 없이 은퇴생활을 즐기게 되리라는 확신이 싹텄다.

채 선생님은 현재 이를 도구로 책을 준비 중이다. 책이 나오면 워크숍과 세미나를 하게 될 것이다. 이 순서는 바뀔 수도 있다. 어쨌든 그와 동시에 채 선생님은 쏟아져 나오는 은퇴자들의 은퇴생활을 안내하는 셰르파로 활약하게 될 것이다. 죽는 날까지, 평생현역의 복을 누리게 되는 것이다.

채 선생님의 3Rs를 표로 만들어 한눈으로 보자면 다음과 같다.

Who	정년퇴임하는 은행원
리마이닝 (Remining : 자기발견)	2, 3년 전부터 실질적으로 은퇴 준비를 하며 그와 관련한 많은 것을 경험하고 통찰함
리프레이밍 (Reframing : 의미의 재구성)	은퇴 준비의 경험이 후배들에게 시행착오를 줄여 줄 수 있을 것이다.
리크리에이팅 (Recreating : 새로운 가치 창조)	시행착오를 대폭 줄일 수 있는 은퇴 준비를 위한 매뉴얼 제공

경험과 전문성을
정보상품으로 만드는 법

궁금한 게 많은 꼬마낙타가 엄마에게 물었다.

꼬마낙타 : 엄마, 우리 등에는 왜 혹이 있어요?

엄마낙타 : 사막에서 오랫동안 물 없이도 살 수 있게 하기 위해서야.

꼬마낙타 : 엄마, 왜 우리 발은 이렇게 넓적하고 털이 많아?

엄마낙타 : 사막 모래에 빠지지 않게 하기 위해서지.

꼬마낙타 : 엄마, 우리 눈썹은 왜 이렇게 길어?

엄마낙타 : 모래가 눈에 들어가지 않게 하기 위해서지.

꼬마낙타 : 엄마, 그런데 우리는 동물원에서 뭐하는 거야?

정말로 사막생활에서 발군의 실력을 발휘하도록 설계된 유전자를 타고난 낙타들이 동물원에서 뭘 하고 있는 걸까? 낙타의 재능은 어떻게 되는 걸까? 낙타 가족의 이야기에 마음이 짠해진 사람이라면 자신을 돌아보라. 동물원에 갇힌 낙타처럼, 누군가를 위해 일해 주느라 자기 재능을 방치해 왔을지도 모른다. 돌이켜보면 나도 그랬다.

인포프래너로 16년 사는 동안 크게 깨달은 것은 나의 타고난 재능은 가장 먼저 나를 위해 발휘되어야 한다는 것이다. 이런 인식이 생긴 뒤 나는 "독립해도 될까요?" 하며 자문을 청하는 이들에게 하루라도 빨리 독립해 자신을 위해 일할 것을 주문한다.

인포프래너로 산다는 것은 동물원에 포박되어 있다시피 한 당신의 재능을 해방시키는 일이다. 매월 지급되는 월급에 헐값으로 팔아치웠던 재능을 마음껏 발휘하라. 그 대가로 보장받았던 어정쩡한 안정을 떨쳐버리고 말이다.

타고난 재능은 어떻게 발휘해야 정보상품이 될까? 일반적으로 재능을 발휘하는 방법은 크게 두 가지쯤 된다. 앞서 언급한 어느 도자기공의 예를 들어보겠다.

재능발휘방법 1
독보적인 도자기 제조기술로 도자기를 만들어 판다.

재능발휘방법 2
독보적인 도자기 제조기술을 매뉴얼로 꾸려 판다.

방법 1은 이른바 전문가가 되는 것이고, 방법 2는 전문가를 겸

한 정보사업가 즉 인포프래너로 사는 방법이다. 방법 1은 재능의 값어치가 얼마가 되던 재능을 발휘한 것만큼만 대가를 받을 수 있지만, 방법 2는 일단 기술을 정보상품으로 꾸려 놓는 노력만 하면 얼마든지 많이 팔 수 있다. 여기에 더욱 바람직한 방법 3이 있다. 독보적인 도자기 제조기술로 도자기를 만들어 팔면서 그 제조기술을 매뉴얼로 꾸려 파는 정보사업을 동시에 하는 것이다. 물론 내가 가장 권장하는 방법이다. 성공한 인포프래너들은 모두 방법 3으로 재능을 발휘한다. 나 역시 인포프래너로 살면서 인포프래너로 사는 방법을 정보상품으로 팔고 있다.

내 재능이 정보상품이 되는 3단계

그렇다면 내 재능을 어떻게 정보상품으로 만들까? 오랜 기간 지속해왔다고 해서 그것이 팔 수 있는 것은 아니다. 재능은 다이아몬드 원석처럼 가공하기만 하면 천만 배쯤 가격이 뛰는 나만의 강점이다. 누구도 흉내 낼 수 없는 자신만의 방법을 만들어야 한다.

"내가 하는 일은 내가 할 수 있는 일은 나 말고는 누구도 못 해."

《악마는 프라다를 입는다》라는 소설에 나온 구절이다. 나는 누군가에게 책을 쓰게 함으로써 평생현역으로 살도록 돕는 일만큼은 가장 잘 할 수 있다고 자신한다. 신속하게, 저렴하게, 쉽게, 근사하게 도울 방법을 가지고 있기 때문이다. 당신도 그렇게 할 수 있다. 당신의 재능과 기술과 전문성을 정보상품으로 만드는 3단계 과정을 여기서 소개하겠다.

1단계 : 경험 속 암묵지를 형식지로

TV프로그램 〈생활의 달인〉을 보면, 눈 감고도 척척 해내는 어떤 일을 왜 그런지 설명해보라고 하면 잘 모르겠다며 난처해하는 모습이 종종 나온다. 듣거나 배워서 아는 지식이 아니라 직접 경험함으로써 체득한 지식을 암묵지(暗默知)라 한다. 오랜 시간 경험함으로써 얻어진 시행착오와 지혜를 바탕으로 다져진 안목과 노하우를 말한다. 특정 분야에서 탁월한 성과를 거두는 당신의 재능과 기술, 전문성이 바로 이 암묵지다. 암묵지는 말이나 글 등의 형식으로 드러내기가 어렵다는 특징을 가진다. 사전에는 '학습과 경험을 통해 개인에게 체화(體化)되어 있지만 겉으로 드러나지 않는 지식'으로 소개되어 있다.

반면 지난 시간 속에 형성된 암묵적인 지식을 채굴해 '무엇을 어떻게, 왜?' 하는 식으로 명료하게 언어로 표현한 것을 형식지(形式知)라 한다. 이 단계에서 할 일은 당신의 강점을 말 또는 글로 표현해 다른 이에게 전수할 수 있는 경지까지 만드는 것이다. 아무리 대단한 원석이라도 가공하지 않으면 내 값을 받지 못하듯, 아무리 대단한 강점을 가졌더라도 그것을 형식지로 만들어내지 못하면 무의미하다.

2단계 : 형식지를 고객을 위한 솔루션으로 제시하기

암묵적인 지식을 채굴해 '무엇을 어떻게, 왜?' 하는 식의 명료한 형식지로 만들어냈다면 그 다음 단계는 누구라도 따라하기만 하면 문제를 해결하고 기대한 성과를 내도록 노하우로 정리하는 것이다. '이러저러한 문제는 이리저리한 방법으로 해결하라'고 단도직입적으로 알려주는 것이 노하우다. 이렇게 정리된 노하우를 해결책, 즉 솔루션이라 한다. 갓 결혼한 새댁이 남편이 좋아하는 음식을 만들기 위해 요리책을 보며 레시피대로 따라하듯이 당신의 해결책도 우연과 일회성에 휘둘리지 않을 견고한 내용으로, 그러면서도 누구라도 쉽고 빠르게 동일한 결과를 낼 수 있는 레시피로 제안되어야 한다.

3단계 : 솔루션을 매뉴얼로 만들어 상품으로 포장하기

구슬이 서 말이라도 꿰어야 보배다. 해결책을 상품으로 포장해 출시하지 않으면 고객들이 알아서 팔아주는 기적은 일어나지 않다. 상품으로 포장하려면 목표고객이 분명해야 하고 그들의 필요와 욕구에 밝아야 한다. 그래야 그들이 탐내는 정보상품으로 포장할 수 있다. 인포프래너가 다른 이의 손을 빌리거나 돈을 들이지 않고 정보상품을 적절히 포장해 이를 고객들이 알아보고 구매하게 만드는 방법으로는 인터넷, 즉 블로그를 활용하는 것이 제격이다.

지금까지의 설명한 과정은 내 안에 파묻힌 나만의 재능, 경험, 전문성을 고객이 사고 싶어 하게끔 콘텐츠로 변환하고 상품화하는 과정이었다. 이 과정을 한눈에 보기 쉽게 정리하면 다음과 같다.

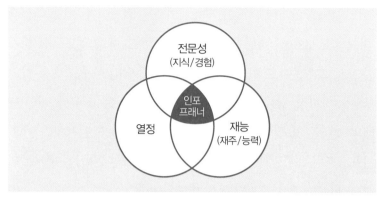

인포프래너의 필요조건

당신만의 도구를 가져라

인포프래너가 되겠다며 조언을 구하는 이들에게 내가 처음 하는 질문이자 가장 중시하는 것은 고객들의 문제를 해결하려 할 때 동원할 당신만의 도구나 방법이 무엇인가 하는 것이다. 가령 나는 유형의 상품들처럼 전문가를 키워내야 하는 인포프래너. 이 일에 투입하는 나만의 도구는 책쓰기라는 솔루션인데, 책을 쓰는 방법론을 통해 가장 빠르고 쉽고 저렴하면서도 근사한 결과를 낳게 한다.

어떤 일에 탁월한 재능을 발휘한다는 것이 그 재능을 다른 사람에게 적용해 같은 성과를 낸다는 보장은 아니다. 고객의 문제를 해결하는 데는 나름의 특별한 방법이 있기 마련이고, 그 방법을 검토해 나만의 솔루션으로 만들어내야 한다. 한마디로 이 솔루션이 당신이라는 인포프래너를 다른 유사한 이들과 차별되게 하는 포인트이며, 당신의 비즈니스를 지속시켜주는 관건이다. 이 솔루션은 '며느리도 모르는' 특별한 비결일 수도 있고, 유형의 도구나 디지털 프로그램일 수도 있다. 또 종이 한 장에 담긴 이론일 수도 있고 무형의 간파력, 남다른 관점, 변치 않는 신념일 수도 있다. 어떤 형태의 것이든, 솔루션은 고객의 문제를 해결하는 당신만의 도구다. 인포프래너로 출발했으되 오래 가지 않아 유야무야되는 대부분의 경우, 이 솔루션을 가지지 못했기 때문이다.

고객의 문제를 콕 집어 해결하는
솔루션 레시피

정보상품은 대개 3가지의 큰 내용으로 구성된다.

1. 무엇에 대한 정보상품인가?
2. 왜 이 정보상품을 취해야 하는가?
3. 그러려면 어떻게 해야 하는가?

'무슨 이유로 구매해야 할 어떠한 정보상품인가'에 대해 충분히 납득되면 고객들은 흥미를 갖는다. 이를 구매로 연결시키는 대목이 바로 '그러려면 어떻게 하면 되는가'다. 이것이 정보상품의 핵심이다. 정보상품의 정의와 구매 이유에 대한 논리적인 설득 없이는 '그러려면 어떻게 해야 하는가'에까지 고객의 관심을 유지하지 못한다. 반면 '어떻게 하면 되는가' 하는 구체적이고 상세한 그리고 친절한 노하우가 제시되지 못하면 그 정보상품은 존재할 이유가 없다. 물론, 이 세 가지 모두는 반드시 고객 입장에서 제시되어야 한다.

정보상품 만들기 7단계 레시피

인포프래너 코칭을 하면서 보니 진도가 잘 나가지 않는 대부분의 경우가 '그러려면 어떻게 해야 하는가'에 대한 답을 지니지 못했기 때문이었다. 고객의 문제를 콕 집어 해결해줄 솔루션을 갖지 못한 정보상품은 인포프래너가 되려는 이들에게 치명적인 결함이다. 고객의 문제를 콕 집어 해결해주거나, 이렇게 하면 틀림없다며 처방해주는 대신 변죽만 울리는 정보상품을 누가 사려들겠는가.

어떻게 하면 되느냐고 고객이 물을 때, "이렇게 하세요, 이렇게 하면 틀림없습니다."라고 흔쾌히 그 노하우를 제시하려면 잘 만들어진 검증된 솔루션이 있어야 한다. 다음은 당신의 노하우를 요리법처럼 레시피로 만들어 고객에게 전수하는 방법이다.

1. 고객의 어떠한 문제라도 거뜬히 해결할 수 있을 만큼 경험이 풍부해야 한다.
2. 다른 이에게 그 노하우를 자주 전수한다.
3. 노하우를 전수하면서 그 과정과 결과에 대한 피드백으로 노하우를 보완해 매뉴얼화한다.

노하우를 요리법처럼 레시피로 만들어내는 방법도 공개하겠다. 레시피는 한마디로 매뉴얼이다. 동일한 성과, 결과를 가져오는 절차와 방법을 정형화, 공식화한 것을 말한다. 전 세계 120개국 3만 5천 개 이상의 매장을 지닌 맥도날드의 핵심경쟁력이 바로 매뉴얼이다. 이 회사의 창업주 레이 크룩은 '맛있는 햄버거'를 파는 매장이기보다 '언제 어디서든 같은 맛의 햄버거를 먹을 수 있는 맥도날드'를 위해 5만여 가지나 되는 세부사항을 매뉴얼로 만드는 데 자원의 대부분을 투자했다고 하다. 그렇다. 노하우를 레시피로 전수할 때 가장 중요한 것이 바로 '무엇을 하느냐가 아닌, 어떻게 하느냐'다. 따라서 노하우를 레시피로 만드는 데서 가장 우선시되는 것은 내면의 지식을 형식화해 고객의 손에 쥐어주다시피 하는 것이다.

경험, 통찰, 학습 등의 방법을 거쳐 내면화되어 있는 특정한 정보와 지식 형식지로 만들어낸다. 이 작업이 필요한 이유는 경험을 통해 몸에 밴 특정한 주관적 지식은 독자에게 전수하기 어렵기 때문이다. 형식지는 언어로 표현된 객관적 지식, 구체성, 공식적, 체계적으로 만들어진 매뉴얼을 말한다. 형식이란 이를테면 요리할 때 참고하는 레시피다.

레시피는 무엇보다 따라 하기 쉬워야 한다. 그러기 위해서는 명료하게, 구체적이고 친절하게, 방법론이 제시되어야 한다. 각각의 단계별 작업방법을 세세하게 알려줄 필요가 있는 것이다. 그러면 독자들은 이것을 읽는 동안 따라서 해보고 싶다는 의욕이 불끈 솟

아난다. 결론적으로 당신의 정보상품에는 고객의 문제를 해결해주는 혁신적인 아이디어가 제안되는데, 그 주장하는 바가 다분히 선동적이고 도발적이어서 솔깃한 데다 당신이 주장하고 권하는 결과를 가져오게 하는 노하우가 담겨 있어야 한다.

여기에 정보상품 레시피를 만드는 방법을 7단계로 정리했다.

- 1단계 : 고객의 문제를 해결해주는 방법을 정밀하게 관찰한다.
- 2단계 : 과정을 세분화한다.
- 3단계 : 각 과정마다 실천적 방법을 곁들여 레시피 견본을 만든다.
- 4단계 : 레시피 견본에 이름을 붙인다.
- 5단계 : 예비고객이나 지인을 대상으로 레시피대로 시뮬레이션한다.
- 6단계 : 시뮬레이션한 내용을 피드백해서 레시피를 수정보완한다.
- 7단계 : 시뮬레이션 과정에서 추출된 팁을 추가해 레시피를 완성한다.

사고 싶고, 사기 쉽게,
고객이 원하는 상품 포장법

누군가의 경쟁력이 되는 특정 분야의 경험이나 기술, 전문성은 그것을 필요로 하지만 갖지 못한 이들에게 참으로 매혹적이다. 이 것이 무형의 지식이 아니라 땅콩이나 무, 공산품의 형태로 우리 내 부에 저장되어 있다면 땅에서 죽 뽑아 올리거나 공산품처럼 지시 만 하면 공장에서 쑥쑥 뽑아져 나올 텐데 말이다. 하지만 무형의 정보를 상품화하는 것은 그 나름의 방법과 과정을 필요로 한다. 이 제 본격적으로 그것을 이야기해보겠다.

먼저 당신이 엄격하게 지켜주어야 할 원칙이 존재한다. 인포프 래너 비즈니스는 정보 제공을 넘어 고객의 문제를 해결해주는 솔 루션 비즈니스라는 원칙이다. 고객에게 정보 자체가 아니라 고객 의 문제를 해결하는 해법을 제공해야 한다는 것이다. 고객이 돈을 내고 사 가는 것은 정보지만, 고객의 문제와 욕구를 파악해 그가 말하지 않는 것까지 찾아내 해결해주는 것이 솔루션 비즈니스다. 모두 정보의 형식을 지니고 있지만 정보와 솔루션의 차이는 단지 알려주기만 하는 것과 알려준 대로 하게 만드는 것에 있다.

즉 솔루션을 포함한 정보에는 매뉴얼이 존재한다. 따라 하기만 하면 원하는 결과를 얻을 수 있도록 제시되는 단계별 로드맵을 매뉴얼이라 한다. 반면 일반적인 정보에는 대략의 가이드만 제시될 뿐 매뉴얼은 제공되지 않는다. 그러면 이 원칙에 입각해 당신의 재능과 경험과 전문성을 정보상품으로 만들어내 보자.

상품을 포장하는 두 가지 방법

정보상품은 지식을 포장해 판매하는 것과 노하우를 전수하는 솔루션 서비스로 크게 나뉜다. 구체적으로 ①책과 오디오북, 워크북 등 손에 잡히는 유형의 정보상품과 ②전자책, 어플리케이션, 블로그 등 전자단말기를 통해 보급되는 정보상품 ③특정 분야에 대한 노하우를 쉽고 빠르고 근사하게 실행할 수 있는 노하우를 직접적으로 전수하는 솔루션 등이다.

정보상품	①책, 오디오북, 워크북 ②전자책, 어플리케이션, 이러닝, 블로그, 인터넷 카페, 이메일매거진
솔루션 서비스	③강연, 컨설팅, 코칭, 카운슬링, 세미나, 워크숍, 온라인 세미나

실물이든 전자미디어로든 일정한 모양새를 갖춘 정보상품의 경우 가격을 매기기나 유통하기가 수월하다. 하지만 코칭이나 컨설

팅 등 솔루션을 전수하는 서비스는 고객과의 사이에 그 범위와 기대효과에 대한 합의가 먼저 이뤄져야 한다. 이에 대한 기준과 원칙을 정해 블로그 등에 공지하는 것이 합의에 편리하며 계약을 하기 전후에도 기준과 원칙에 대한 사전 이해를 촉구하는 것이, 있을 수 있는 오해와 불편을 예방해준다. 또한 솔루션을 서비스할 경우 결제 시기 및 부대비용의 부담 등 있을 수 있는 모든 경우의 수를 감안해 사전에 협의하는 것이 좋다.

나의 경우, 이러닝 상품을 제외한 거의 모든 유형의 정보상품을 판매한다. 물론, 직접 출판까지 하지는 않고 유력한 출판사들과 협업한다. 솔루션 서비스로는 온라인 출판, 강연, 컨설팅, 코칭, 워크숍 등의 프로그램을 진행한다. 각 종류별 정보상품은 서로 보완 판매되어 내 지갑을 두툼하게 만들어준다. 앞서 언급한, 살림 재주를 정보상품으로 판매하는 세계적인 살림꾼 마샤 스튜어트의 정보상

가르치는 것	잡지 – 사진을 곁들인 단 하나의 주제에 대한 장기적 형태의 이야기	팬지케이크
	단행본 – 사진을 곁들여 깊이 있게 다룬 단 하나의 핵심 분야	팬지꽃꽂이
	신문 – 사진을 곁들인 단 하나의 주제에 대한 짧은 형태의 질문과 답	팬지를 눌러서 말리는 방법
행동으로 옮기는 것	라디오 – 단 하나의 아이디어를 다룬 방송조언(90초)	친구에게 선사하는 봄꽃다발
	텔레비전 – 단 하나의 아이디어를 다룬 비디오	팬지를 눌러서 말리는 방법을 보여주는 것
	제품 – 팬지생화, 팬지받침세트	관계사
	인터넷 – 식물백과사전, 문서보관소	개인적 실천을 위한 깊이 있는 정보와 제품의 상호작용

품 포트폴리오를 한번 살펴보자. 그녀의 책《마샤스튜어트 아름다운 성공》을 보면 팬지꽃이라는 소재를 어떻게 정보상품화해 판매하는가를 잘 보여준다.

나와 마샤의 포트폴리오를 비교해보자. 명함 한 장과 정보상품으로만 무장한 나에 비해 마샤는 기업을 크게 꾸려 자본 투자를 바탕으로 한 만큼 돈이 많이 드는 경로로 정보상품을 서비스한다는 차이를 발견할 수 있다. 당신도 현명하게 두 사례에서 당신에게 적합한 것을 취해 적절하게 응용하기 바란다.

이렇게 애써 만든 정보상품을 고객이 사 줄까? 궁금하다면 고객을 대신해 당신 자신에게 물어보라. 대답이 신통찮으면 잘될 때까지 되풀이해 물어봐야 한다. 여기 질문리스트를 준비했다. 네 가지의 질문이 모두 W로 시작해 4W 체크요소라 부르는 점검표다.

Who	누구를 대상으로 합니까?
What	정보상품은 어떤 것입니까?
WIFM	당신의 정보상품이 고객에게 주는 이득은 무엇인가요?
Why you	왜 당신의 것을 사야 하나요?

상품화 과정에서 해야 할 것 해서는 안 될 것

스마트폰이 3,600만 대(2017년 기준)가 넘게 보급되고 무선인터넷 서비스가 확대되면서 이러닝 산업이 크게 발전했다. 콘텐츠를 정보상품으로 판매하는 나에게도 이러닝 관련 기업들의 제안이 쏟아진다. 하지만 나는 이러닝 상품은 취급하지 않는다. 내 강의를 온라인으로 보급하는 것도 거절하고 있다. 이러닝 최대의 A업체와 계약서까지 쓰고는 손해를 무릅쓰고 계약을 파기한 적도 있다. 인포프래너 초기 시절, 거절하지 못하고 그냥 두었던, 온라인 콘텐츠 공급업체들에 의해 뿌려진 콘텐츠마저도 거둬들이고 싶을 정도다. 이러닝과 강의의 온라인 보급에 이토록 까칠한 이유는 내가 다루는 내용의 특성과 나 자신의 성향 때문이다.

나의 주 종목인 책쓰기, 글쓰기는 현장에서 눈을 맞춰가며 이야기를 주고받아도 제대로 이해하기 힘든 영역이다. 아니, 이 아이템은 보여주고 - 하게하고 - 피드백해주는 3단계를 구현하지 않으면 절대 나아질 수 없다. 그러니 현장의 모든 맥락이 생략된 채 전달되는 내용만으로는 내 정보상품이 제 기능을 발휘할 수 없음을 너무나 잘 알기에 원칙을 고수한다.

어쩌면 이 까칠한 원칙은 단지 성향의 문제라기보다는 내 정보상품에 대한 신뢰를 좌우하기 때문이라는 깊은 이해를 하고 있기 때문인지도 모른다. 온라인에서 되풀이되는 강연은 흘러가버린 물처럼 의미 없다. 그 강의를 할 때의 나는 강물을 따라 하류까지 흘러가버렸고, 하루하루 아니 시간마다 나는 새로워지고 깊어진다. 따라서 내 강의며 코칭이며 컨설팅의 퀄리티가 매번 달라질 수밖에 없는데, 온라인 강의는 아쉬운 대로 부족한 모습으로만 비춰질 것이다.

인포프래너로 살다 보면 참으로 다양한 제안들과 만난다. 그 가운데는 기발한 것도 많고, 돈이 되겠다 싶은 것도 많다. 하지만 제안이 들어오는 대로 전부 한다거나 하고 싶다고 무조건 해서는 이름값을 유지하기 힘들다. 인포프래너란 '혼자 자유롭게' 비즈니스를 한다는 것이 가장 큰 매력이기 때문이다. 혼자 처리하기에 벅찰 만큼 일을 벌여놓고 이를 수습하기 위해 사람을 들여 조직을 꾸렸다가는 인포프래너로 홀로 천천히 자유롭게 일하며 평생현역으로 살겠다는 소박하면서도 담대한 꿈은 좌초되고 만다. 그러니 당신도 스스로의 원칙과 기준을 앞세워 해야 할 것, 해서는 안 될 것에 대한 기준을 마련해야 한다. 그리고 그에 준해 의사결정을 한다면 길고 오래가는 인포프래너가 될 수 있을 것이다.

세상에 단 하나뿐인
인포프래너

기업이란 인재를 채용하는 곳이다. 그런데 일본의 리크루트라는 회사는 인재를 배출하는 곳으로 더 유명하다. 이 회사의 창업자인 에조에 히로마사는 "스스로 기회를 만들고 그 기회를 살려 자신을 바꿔라."라는 사훈을 만들었다. "나는 어떤 인포프래너가 될 수 있을까요?"라는 질문을 받을 때가 많다. 아마도 '노후에 가질 수 있는 직업으로 어떤 게 있을까?'와 같은 관점에서 묻는 듯하지만, 이 경우 잘 모르겠다고 답한다. 대신 리크루트사의 이 메시지를 전한다. 스스로 인포프래너의 기회를 만들고 그 기회를 살려 자신을 바꾸라고 말이다.

인포프래너라는 분야는 이제 막 시작한 단계라 직업세계와 같이 정형화된 모델이 없다. 여러 번 강조했지만 오래 잘해온 직업에서, 또 전문적으로 해온 일을 토대로 인포프래너기 될 수 있다. 오래 가꿔 온 취미나 자신만만한 부업으로도 얼마든지 인포프래너가 될 수 있다. 하지만 직업이나 일, 취미나 부업을 혼자 운영한다고 해 인포프래너라는 뜻은 아니다. 그런 형태의 비즈니스는 프리랜서 혹은 1인 기업이라 불린다. 인포프래너는 직업이나 일, 취미나 부업에서 추출한 자신만의 방법론으로 특정고객의 특별한 문제를 해결해주는 사람이며, 그 방법론을 정보상품의 형태로 만들어 파는 비즈니스맨을 의미한다. 그러므로 '어떤 인포프래너가 될 수 있는가'하는 질문에는 '인포프래너를 꿈꾸는 사람의 숫자만큼의 인포프래너가 존재한다'는 말로 대답할 수 있다.

남의 것을 따라하지 말고 새로운 것을 만들어라

아니할 말로, 기존의 직업이나 비즈니스로 해결될 수 있는 문제라면 고객이 왜 당신에게 값을 지불하고 당신의 해법을 구매하려 들겠는가? 시대가 급변하고 그에 따라 고객의 눈높이도 격변하며 고객이 해결하고 싶어 하는 문제의 종류도 관점도 다변화하기 때문에 문제에 임하는 기존의 패러다임으로는 고객을 만족시킬 수 없다. 그러니 당신은 당신이 가장 잘할 수 있고, 당신이 가장 돋보이며 누구의 근접도 용납되지 않는, 당신이 원조의 자리를 평생 차지할 수 있는 그런 영역을 찾아 당신만의 인포프래너를 창출해야 한다.

유선영 님은 학생들의 진로탐색을 돕는 전문가다. 대부분의 일들은 하면 할수록 수월해지는 법인데, 진로탐색을 돕는 일은 갈수록 어렵다는 것을 알아차리고는 이유를 찾아보았다. 진로를 탐색하는 주인공이 자신이 무엇을 원하는지조차 모른다는 것이 결정적 장애물이었다. 이에 유선영 님은 진로 이전에 자기 자신을 탐색하는 프로그램을 만들었고, 이제는 '진로탐색을 위한 셀프코치'라는 콘셉트를 가진 인포프래너로 일한다. 나는 인포프래너를 지향하는 책쓰기를 코칭하면서 많은 이들에게 새로운 영역의 인포프래너로 콘셉트를 만들어주면서 인포프래너의 길을 열어주었다.

기업 디자인센터에 근무하는 산업디자이너 A씨는 혁신을 꾀하는 창조적 사고의 근간으로 알려진 디자인씽킹 전문가로서 어떻게 하면 디자이너처럼 생각하는가를 다루는 '디자인씽커', 대기업의 인력개발원에서 인재를 선발하고 교육하는 업무를 담당하는 B씨에게는 '인재관리 코디네이터', 외교관인 아버지를 따라 부임지 일본에서 학창시절을 보낸 사업가 서승범 씨는 지금도 일본에 전문기계를 수출하는 일을 하며 일본을 밥 먹듯 드나드는 일본통이다. 최근 그는 페이스북을 통해 출장길에 접한 다양한 일본 현지의 트렌드를 실시간으로 전하고 있는데, 나는 그에게 트렌드 큐레이터라는 콘셉트를 선물했다. 골프애호가로서 주말마다 골프장에 사는 김동환 씨에게는 '주말골퍼도우미'라는 콘셉트를 선물하며 인포프래너로 살도록 도왔다.

당신도 기왕이면 지금까지 없던 전혀 새롭고 그래서 가치가 금방 부각되는 독창적이고 매혹적인 가치의 인포프래너를 창조해 일인자이자 원조로 99세까지 활약하길 바란다. 당신에게 꼭 맞는 인포프래너를 찾으려 하지 마라. 원하는 것을 찾을지도 의문이지만, 찾아봤자 당신에게 돌아올 것이라곤 먹다 남은 부스러기뿐이다. 찾지 말고, 찾는 데 들이는 자원으로 당신의 것을 창조하라. 세상에 둘도 없는 인포프래너 콘셉트 창조하는 법을 단계별로 자세히 공개하겠다.

세상에 둘도 없는 인포프래너 콘셉트 창조하는 법

1단계 : 강점발견 – 업의 본질 포착

나는 일주일에 한 번 스킨케어를 받는다. 밥은 굶어도 이 시간은 무조건 엄수한다. 오랫동안 내게 스킨케어를 서비스하던 전문가가 하루는 일의 보람을 모르겠다며 심드렁해했다. 그래서 얼굴을 그녀에게 맡긴 채로 물었다.

"선생님, 뭐하는 분이세요?"

"마사지하지요."

"마사지 왜 하는데요?"

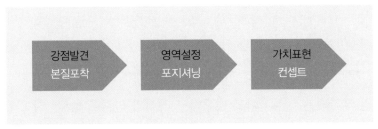

인포프래너를 창출하는 단계

"돈 벌려고요."

"돈이라면 꼭 마사지가 아니라도 벌 수 있잖아요. 그런데 왜 굳이 마사지를 하세요?"

결국 그녀의 입에서 "마사지를 받는 고객들이 원기를 회복하시더라고요."라는 말을 끌어냈다. 내가 거기에 덧붙였다.

"그러게 선생님은 마사지사가 아니라 지친 에너지를 회복시켜주는 리차저(Recharger)예요."

물론 그날 특별서비스까지 받았다. 나의 일은 책쓰기를 코칭하는 것이다. 책을 쓰게 하는 일이다. 내 일의 본질은 단지 책 한 권을 갖는 것이 아니라 온 생애를 통해 축적한 경쟁력 있는 콘텐츠를 끌어내 그 능력을 돋보이게 하는 것이다. 그러므로 내가 하는 일은 고객 스스로가 자신을 마케팅하도록 돕는 것이다. 그래서 나는 나를 '퍼스널마케팅코치'라고 한다.

당신이 비서라면, 당신이 하는 일의 본질은 무엇인가? 당신은 영업사원인가? 그렇다면 당신이 하는 일의 본질은 무엇인가? 아파트 경비원인가? 그렇다면 당신이 하는 일의 본질은 무엇인가? 당신이 무슨 일을 하던 당신이 하는 일이 아니라 그 결과가 무엇을 상징하는가가 중요하다. 당신이 무엇을 상징한다고 고객들이 기억해주길 원하는가? 하는 일, 하고 싶어 하는 일, 그 업의 본질을 파악하면 당신만이 제공할 수 있는 가치가 분명히 드러난다. 비서란 그저 잔심부름이나 하는 사람인가? 아니다. 원래는 CEO가 업무를 제대로 해내도록 보조하고 CEO로서의 이미지를 확립할 수 있도록 일정을 관리하고 보완하는 것이 본질이자 의미이고 가치다. 당신이 뭔가를 전문적으로 파는 사람인가? 그렇다면 당신은 고객의 필요성을 충족시켜주기 위해 애쓰는 사람이다. 당신이 아파트에서 경비를 서고 있다면 당신은 주민의 안전을 책임지는 사람일 것이다.

2단계 : 포지셔닝 – 내게 가장 유리한 영역 설정

가치관과 고객에게 제안되는 가치 등 인포프래너로서의 정체성을 확립했다면 밖으로 끌어내 고객에게 선보여야 한다. 앞서 고객의 뇌리에 최초로 기억되는 인포프래너가 되어야 한다고 했던 말을 기억하는가? 만일 지금 영역에서 최초가 아니라면 최초가 될 만한 다른 영역을 찾아야 한다고 했던 말을 기억하는가? 그때 새로운 영역을 찾아 최초가 되는 공식도 알려주었으니 다시 한 번 상기하기 바란다.

기존의 분야 $\pm \times \div @$ = 새로운 영역

3단계 : 콘셉트 – 매혹적인 가치로 표현

새로운 영역을 확보했다면 그곳의 일인자인 당신을 설명해줄 단 한마디의 콘셉트를 만들어야 한다. 고객의 뇌리와 마음에 콕 각인하려는 한마디 콘셉트는 새로운 영역을 대표하는 아이덴티티

그 자체다. 키워드는 브랜드네임 그 자체나 다름없기에 좀 더 주도 면밀하게 찾고 내 것으로 만들어야 한다. '최초'라는 것만큼 중요한 것이 우선 당신의 비즈니스를 단 한마디로 말해줄 수 있어야 하고, 다른 이의 것과 혼동되지 않아야 하며, 매력적이어야 한다. 콘셉트는 고객이 거절할 수 없는 명분이자 가치를 한마디로 정리한 것이다. 그 문장에는 가능하다면 아이덴티티, 타깃 고객, 역량, 고객에게 제공되는 가치와 이익이 단번에 드러나야 한다. 역으로 이 한마디를 접하면 고객들은 저절로 당신을 떠올릴 수 있어야 할 것이다.

앞서 업의 본질을 이야기할 때 살펴봤던 비서, 영업사원, 아파트 경비원을 떠올려보자. 그들이 하는 일의 본질을 꿰뚫어보면 더 이상 그런 이름으로 불리는 것을 원하지 않게 된다. 사고는 언어에 고정되므로, 다른 이들이 오랫동안 사용해온 낡디낡은 언어로 당신을 표현한다면 당신은 미래고객들에게 어필하지 못하기 때문이다. 그들은 비서나 영업사원, 아파트 경비원이 아니라 'CEO디자이너', '바이어도우미', '주민안전책임자'라는 멋진 이름으로 불리길 원할 것이다. 이것이 한마디 콘셉트다.

당신이 새로운 콘셉트를 찾아냈다면, 새로운 콘셉트에 걸맞게 해야 할 일, 하지 않아야 할 일을 분명히 할 것이고, 고객 또한 당신에게 무엇을 부탁해야 할지 더욱 잘 알게 될 것이다. 당신에게 걸맞은 새로운 콘셉트를 만들 때는 기존의 단어들에 당신이 하는 일이나 하게 될 일, 하고 싶은 일을 꿰맞춰 표현하는 것은 금물이다. 당신이 하려는 일에 꼭 맞는 새로운 콘셉트를 만들어야 한다. 아니, 이번 기회에 당신의 일에 꼭 맞는 새로운 용어를 만들어보자. 새로운 직업을 창조하고 당신이 그 원조가 되라.

디지털 마케팅 분야의 최고 전문가인 빌 비숍 회장의 콘셉트는 '마케팅 코디네이터'다. 고객이 원하는 마케팅을 대행하거나 돕는 정도가 아니라 고객이 마케팅 계획을 세우도록 도운 다음 그에 맞게 활용할 만한 마케팅 도구를 소개하고 이를 적용하도록 마케팅 업무를 조정하는 서비스를 총괄하기 때문에 이러한 콘셉트가 설정되었다고 한다.

한 선생님은 오랫동안 국내 대학·연구소·산업체 등의 연구활동을 돕는 일을 해왔다. 나는 한 선생님이 특히 잘하고 흥미를 느꼈던 부분이 연구활동의 근본인 협업에 발생하는 많은 문제들을 조정하고 조율하는 역할이었음을 포착했다. 그래서 협업상 발생하는 문제해결전문가라는 의미의 '협업트러블슈터'라는 콘셉트를 선물했다. 창조성 제고가 조직의 생사를 가르는 중대한 이슈임을 감안하면 협업트러블슈터로서 한 선생님은 앞으로 매우 바빠질 것이다.

이나연 선생님은 유능한 은행원에 초등학생인 쌍둥이를 둔 워킹맘이다. 일과 육아, 어떤 것에도 소홀할 수 없었던 이 선생님은 블로그에 읽은 책에 대한 글을 써 올리다 자연스럽게 워킹맘의 애환에 대해서도 썼다. 블로그 글이 〈오마이뉴스〉 같은 대중매체에 공유되면서 수많은 워킹맘들이 이 선생님의 글에 공감했다.

그중 한 출판사에서 이 선생님의 이야기를 책으로 펴내자고 제안도 했다. 이즈음 이나연 선생님을 만난 나는 '파워맘'이라는 콘셉트를 만들었다. 어느 하나 제대로 못한다는 자책투성이 워킹맘이 아니라 일도 육아도 거뜬히 해내는 파워풀한 엄마라는 의미를 담은 '파워맘'이었다.

피터 드러커는 "미래를 예측하는 가장 좋은 방법은 미래를 창조하는 것"이라고 했다. 인포프래너가 되는 가장 확실한 방법은 당신만의 인포프래너를 창조하는 것이다.

매혹적인 인포프래너
브랜드 포장술

　포장박스 그대로 아이폰을 받아본 사람들은 알 것이다. 아이폰의 진짜 매력을. 아이폰은 사야겠다고 마음먹은 순간부터 손에 넣는 순간, 그리고 그것을 사용하는 내내 여러 번 감탄하게 만들었다. 무엇보다 하얀 박스를 열었을 때 그 속 모양새는 '치명적인 매혹' 그 자체다. 어떻게 하면 당신의 정보상품도 아이폰처럼 매 접점마다에서 고객을 사로잡을 수 있을까?

　상품의 포장이란 고객과의 접점에서 고객에게 제공되는 상품이나 서비스의 가치를 단번에 알아보고 이해하고 구입하도록 돕는 역할을 한다. 고객의 뇌리와 마음에 존재감을 새겨 구매를 촉진하는 일련의 행위다. 손으로 만질 수 있거나 볼 수 있는 물성을 지니지 않은 정보상품은 아이디어와 단어, 이미지, 경험을 다양하게 조합해 표현하고 각각의 미디어를 통해 노출하는 것으로 포장작업을 한다.

자신을 포장하는 3단계

아이폰처럼 매혹적으로 어필하고 잘 팔리게끔 당신이란 인포프
래너와 당신의 정보상품을 포장하는 데 가장 우선되고 중요한 작
업은 문자로 표현하는 것이다. 인포프래너인 당신과 당신의 정보
상품에 대한 이름, 특장점, 사용법, 명분과 가치와 이득 따위를 매
혹적으로 워딩하는 일련의 작업 말이다. 혼자서 거뜬하게 인포프
래너를 잘 준비하던 이들이 가장 어려워하는 단계가 바로 이 부분
이다. 나름 이유를 찾겠지만 내가 볼 때 가장 큰 이유는 포장할 내
용이 없는데서 비롯된 것이다. 자신과 자신이 판매하려는 정보상
품에 대해 무한한 애정을 갖는 것과 그것을 고객에게 어필하도록
객관화해 표현하는 작업은 전적으로 다른 문제다. 파는 사람의 입
장이 아니라 사는 사람의 입장에서 객관적으로 그 소스를 포착하
고 어필해야 한다.

1단계 : 포장할 소스 찾기

매혹적인 인포프래너로 어필하기 위해, 당신이 판매하는 정보
상품이 또한 얼마나 매혹적인가를 강조할 수 있는 소스를 발견해
야 한다. 그러기 위해 먼저 아래 질문들과 마주해야만 한다.

- 당신은 지금 어느 분야에 있는가?
- 당신은 어떤 역량을 갖춘 어느 분야의 전문가인가?
- 당신이 다른 경쟁자에 비해 우월한 것은 무엇인가?

- 왜 인포프래너가 되려고 하는가?
- 당신은 어떤 인포프래너가 되려고 하는가?
- 당신의 고객은 당신에게 어떤 정보를 서비스 받을 수 있는가?
- 궁극적으로 당신은 고객에게 무엇을 제공하려 하는가?

하나하나의 질문을 곡괭이 삼아 당신 내면의 깊은 곳까지 파고 들어가라. 그런 다음 파헤쳐진 것들을 살펴보라. 그러면 당신만의 것을 찾게 된다. 이 과제를 성실히 수행했다면 당신은 가슴 가득 차오르는 결의를 느끼게 될 것이다.

탐구와 생각을 마쳤으면 그것을 머릿속에서 둥둥 떠다니는 언어의 조각으로 남겨두지 말고 글로 표현해 마침표를 찍어야 한다. 인포프래너 비즈니스에 임하는 당신의 존재 가치와 비전, 미션에 대해 글로 표현하라는 주문이다. 기업과 개인이 진행하는 '자기계발과정'에는 으레 사명선언문 작성하기, 라는 프로그램이 포함된다. 비전이 장기적인 청사진이라면 사명선언이란 그 청사진을 이뤄내기 위한 일종의 과업이자 실행지침이다. 사우스웨스트항공사의 사명선언문에는 이런 구절이 있다.

"무엇보다도 사우스웨스트항공사가 직원들을 존중하고 배려하는 것처럼, 직원들도 관심과 존경, 보살핌의 정신을 고객과 함께 할 것이다."

《기적의 사명선언문》이라는 책은 사명선언문을 이해하고 작성하는 데 큰 도움을 준다. 이 책에서 소개하는 역사적인 개인들—이

들은 모두 사명을 지녔고, 그 사명을 수행하는데 온 생애를 바쳤다
고 한다 – 의 사명선언은 다음과 같은 공통점을 지닌다고, 사명선
언문 작성법을 넌지시 알려준다.

- 한 문장을 넘어서는 안 된다.
- 열두 살 아이라도 쉽게 이해할 수 있어야 한다.
- 쉽게 외울 수 있어야 한다.

내가 진행하는 코칭프로그램에서도 참가자들에게 그들 자신의
가치와 비전, 미션을 확인하는 일종의 사명선언을 유도한다. 내가
원하는 사명선언은 딱 한 줄로 만들어지는데, '나의 가치와 비전,
미션을 한 문장에 담도록' 설계했다.

- 아이덴티티 : ~하는 ~로서
- 타깃고객 : ~에게
- 역량(도구) : ~를 활용해
- WIFM(What's in it for me) : ~하게 한다

여기에 맞춰 나의 사명선언을 만들어보겠다.

아이덴티티	~하는 ~로서	나 송숙희는 퍼스널마케팅코치로서
타깃 고객	~에게	평생현역을 꿈꾸는 이들이
역량(도구)	~를 활용해	책을 쓰게 함으로써
WIFM	~하게 한다	저마다의 재능과 전문성을 토대로 이름 석 자만으로 살 수 있도록 돕는다.

당신의 사명을 분명히 했다면 이를 토대로 당신과 당신의 정보상품에 대해 고객의 뇌리에 단번에 각인되는 '브랜드'로 표현해보자.

2단계 : 단 한마디로 사로잡는 브랜드네임

지금은 고인이 된 인포프래너 구본형 선생은 '변화경영'이란 키워드를 가진 인포프래너였다. 기업이고 개인이고 지속가능한 성장을 위해서는 변화를 경영하는 수준에까지 도달해야 한다는 메시지와 콘텐츠를 정보상품으로 만들어 팔았다. 공병호 선생도 자신의 삶은 스스로 경영해야 한다는 의미의 '자기경영'을 키워드로 확보한 것이다. 그들의 브랜드네임을 살펴보자.

구본형변화경영연구소 / 공병호경영연구소

나는 평생현역으로 살려면 남다른 재능과 전문성의 상징인 '책쓰기'를 해야 한다는 인포프래너다. 내 브랜드네임은 '송숙희책쓰기코칭'이다. 사례를 보기만 해도 브랜드네임을 만드는 방정식이 빤히 보인다.

> 이름 + 콘셉트

만일 '이름 + 콘셉트'의 공식을 따르지 않고 전혀 새로운 이름를 지어주고 싶다면, 기억하기 좋고 발음하기 편하고 콘셉트에 부합해야 하며 호기심을 자극해 당신을 노크하게 만드는 이름이 좋다.

아울러 그런 이름을 짓게 된 배경을 곁들이면 고객들이 더욱 친근하게 여길 것이다. '블랙스미스'는 한 이탈리아 레스토랑의 이름이다. 이 회사에 따르면 블랙스미스란 말의 편자를 달궈 두들기던 대장장이를 말하는데, 완벽을 추구하는 블랙스미스의 열정을 기억하며, 21세기 화덕 피자의 장인으로 다시 태어난다는 의지를 포함한 이름이라 한다.

3단계 : 브랜드 프로필 만들기

당신의 브랜드에 관한, 브랜드네임에 관한 내용을 고객 입장에서 이해하기 쉽고 받아들이기 쉽고 당장 손 내밀기 쉽도록 풀어쓴 것을 프로필이라 한다. 프로필은 자기자랑을 늘어놓은 것이 아니라 고객에게 어떤 사람으로 인식되고 싶은가에 대한 것이다. 당신의 프로필을 읽고 고객이 이 사람은 나의 문제를 해결해줄 수 있겠다 싶은 생각이 들게끔 해야 한다. 그렇게 해서 일단 한 번 만나서 상담하고 싶게 자극할 수 있어야 한다.

프로필은 최대한 상세하게 쓰는 것이 좋다. 무엇을 하는 사람인지, 그 무엇으로 고객의 어떤 문제를 해결해줄 수 있는지, 문제를 해결하는 방법이나 도구는 무엇인지, 그러한 종류 문제를 얼마나 해결했는지, 문제를 해결할 거라고 믿을 만한 근거는 무엇인지, 고객 입장에서 더 이상 궁금한 게 없을 만큼 쓰자. 당신이 어떤 철학을 바탕으로 어떤 가치관을 가지고 어떤 태도로 고객의 문제를 해결하는지도 알려야 한다. 숫자로 당신의 신뢰를 증거하려 한다면 더욱 구체적으로 표현하라.

자랑은 한없이 늘어놓으면서도 프로필을 정리하는 작업에는 쩔쩔매는 분들이 많다. 자신을 객관화하지 못하기 때문이다. 이럴 때 나는 다음과 같은 내용의 워크시트를 내밀며 빈칸을 메우게 한다. 세계적인 리더십전문가인 스티븐 코비 박사의 프로필을 예로 들어 프로필 작업과정을 설명하겠다.*

1. 이름	스티븐 코비
2. 단 한마디로 뭐하는 사람인가	리더십 권위자, 가족공동체 전문가, 교사, 조직컨설턴트, 저술가
3. 뭐하는 사람인지를 받쳐주는 경력, 학력 등 인증요소들	– 하버드대학교에서 MBA학위를, 브리검영대학교에서 박사학위를 받았다. – 브리검영대학교에서 조직행동학 및 경영관리학 교수, 교무처장을 역임했다. – 123개국에 지사를 운영하고 있는 프랭클린코비사의 공동설립자 겸 부회장이다. – 인류에 대한 지속적인 공헌을 인정받아 토머스모어대학교에서 상패를 받았으며, 1999년 올해의 연설가상, 1998년 시크교의 국제평화인상, 1994년 올해의 국제기업인상과 전국평생기업인상을 수상했다. – 〈타임〉지에서 '미국에서 가장 영향력 있는 25명' 가운데 한 사람으로 선정되었고, 여러 개의 명예 박사학위를 받았다.
4. 고객에게 얼마나 적합한 사람인가를 증거하는 근거들과 활동 분야, 제공하는 가치와 이익에 대한 차별적 우위	– 저술한 《성공하는 사람들의 7가지 습관》은 전 세계에서 38개 국어로 번역되어 1,500만 부 이상 판매되었으며, '20세기에 가장 큰 영향을 끼친 비즈니스 서적'의 하나로 선정되었다. – 《소중한 것을 먼저 하라》《원칙중심의 리더십》《성공하는 가족들의 7가지 습관》도 모두 합쳐 2,000만 부 이상 판매되었다.
5. 비전과 사명에 대해	전 세계 개인과 조직들의 변화와 성장을 도와주고 그 도구를 제공하기 위해 코비 박사의 비전과 규율, 그리고 열정을 공유하고 있다.
6. 연락처 혹은 핫라인	

*《성공하는 사람들의 7가지 습관》 책에 실린 프로필이다.

이 내용들을 하나의 프로필로 단장하면 다음과 같다.

스티븐 코비

세계적으로 존경받은 리더십 권위자, 가족공동체 전문가, 교사, 조직 컨설턴트, 저술가다. 하버드대학교에서 MBA학위를, 브리검영대학교에서 박사학위를 받았다. 브리검영대학교에서 조직행동학 및 경영관리학 교수, 교무처장을 역임했다. 그가 저술한 《성공하는 사람들의 7가지 습관》은 전 세계에서 38개 국어로 번역되어 1,500만 부 이상 판매되었으며, '20세기에 가장 큰 영향을 끼친 비즈니스 서적'의 하나로 선정되었다. 《소중한 것을 먼저 하라》《원칙중심의 리더십》《성공하는 가족들의 7가지 습관》도 모두 합쳐 2,000만 부 이상 판매되었다.

인류에 대한 지속적인 공헌을 인정받아 토머스모어대학교에서 상패를 받았으며, 1999년 올해의 연설가상, 1998년 시크교의 국제평화인상, 1994년 올해의 국제기업인상과 전국평생기업인상을 수상했다. 또한 〈타임〉지에서 '미국에서 가장 영향력 있는 25명' 가운데 한 사람으로 선정되었고, 여러 개의 명예 박사학위를 받았다. 그는 123개국에 지사를 운영하고 있는 프랭클린코비사의 공동설립자 겸 부회장이다. 프랭클린코비사는 전 세계 개인과 조직들의 변화와 성장을 도와주고 그 도구를 제공하기 위해 코비 박사의 비전과 규율, 그리고 열정을 공유하고 있다.

당신을 위해서도 여기 워크시트 한 장을 준비했다. 매력적인 프로필을 직접 만들어보자.

1. 이름	
2. 단 한마디로 뭐하는 사람인가	
3. 뭐하는 사람인지를 받쳐주는 경력, 학력 등 인증요소들	
4. 고객에게 얼마나 적합한 사람인가를 증거하는 근거들과 활동분야, 제공하는 가치와 이익에 대한 차별적 우위	
5. 비전과 사명에 대해	
6. 연락처 혹은 핫라인	
7. 프로필로 단장하기	

내 정보상품을
돈 받고 파는 비결

　누구든 부러워하는 재능을 타고났으며 수많은 남다른 경험을
했고, 그 분야 최고의 전문가라는 타이틀을 얻었더라도 그것들을
버무려 정보상품을 만들어 팔 수 없다면 인포프래너로서는 의미가
없다. 또한 아무리 근사한 정보상품을 만들었더라도 고객들이 사
주지 않는다면 당신은 아직 인포프래너가 아니다. 인포프래너가
되기 위해서는 정보상품을 '만들어 파는' 과정을 경험해야 한다.

　전문분야에서 일을 오래 한 사람일수록, 전문적인 능력을 지녔
을수록 자신을 상품화해 판다는 행위를 버거워한다. 대개는 돈에
대한 개인적인 경험과 인식이 빚은 궁극적인 금기－돈은 천박하
다, 그러므로 돈에 대해 입에 올리는 것은 바람직하지 않다는 편견
이 포함된－까지 지니고 있어 자신의 재능을 '상품화한다'라는 말
에도 거부감을 표하는 이들이 적지 않다. 평생현역을 꿈꾸며 인포

프래너를 지망하는 많은 분들이 정작 재능을 기부하며 살겠다, 죽을 때까지 봉사활동이나 하겠다는 식으로 우회하는 이유도 여기에 있다.

고객이 상품에 대가를 치르는 것은 당연하다

돈벌이와 전혀 무관한 인포프래너가 되겠다면 모르겠지만, 평생의 수입원을 유지하는 현역으로 살고 싶다면 비즈니스의 정수인 사고파는 일에 익숙해져야 한다. 월급쟁이 시절부터 나는 친구라 생각하는 이들이 그 분야에서 잘나가도록 돕는 일을 자발적으로 해왔다. 그가 하는 일에 대해 "이렇게 해보면 어떨까요?"라고 제안하면서 그에 걸맞은 이름까지 붙여주곤 했다. 심지어는 명함까지 만들어주기도 했다. 그러고도 모자라 책을 쓰라고 주선했으며, 잡지며 신문에 그를 인터뷰하도록 소개하는 일도 자주 했다. 좋아하는 친구에 대한 애정이었고, 당연히 공짜 서비스였다. 인사성 바른 친구들은 밥을 사고 술을 사며 고마워했다. 이런 호의를 주고받으며 친구는 분야의 고수로 우뚝 섰고, 결국 그러한 경험을 바탕으로 나는 퍼스널마케팅코치란 비즈니스를 하고 있다.

물도 사 먹고, 공기도 사고… 우리는 쓰레기에도 돈을 물어야 하는 시대를 살고 있다. 당신의 재능도 누군가가 원한다면, 그래서 나눠준다면 그 대가를 받아야 한다. 눈치 볼 일도 버거워할 일도 아니다. 인포프래너로 살려면 가장 먼저 익숙해져야 할 일이기도 하다. 포르투갈 출신의 프로축구선수 호날두가 맨체스터유나이티드로 자신을 영입하려던 퍼거슨 감독에게 "쇼 미 더 머니(Show me the money)"를 외쳐 화젯거리가 된 적이 있다. 퍼거슨 감독은 호날두 선수보다 무려 43세나 많다. 그런데도 "나를 데려가는 값으로 얼마를 줄래요?"라고 당당히 물은 것이다. 비록 유명세에서는 호날두 선수에 못 미치더라도 당신의 능력이 당신의 분야에서 탁월하다면 당신 역시 고객에게 "자, 내 재능이 필요하시다면 이만큼의 값을 치르세요."라고 당당하게 말할 수 있다.

정보상품에 가격을 매기는 공식

고객이 신경 쓰는 것은 가격일까? 어느 정도는 맞는 말이다. 하지만 당신이 고객을 위해 얼마만큼 신경 쓰는지를 안다면 고객은 더 이상 당신이 부르는 가격에 신경 쓰지 않을 것이다. 나도 겪어 보고서야 알았다. 고객이 치르는 값은 관심에 대한 것이지 정보상품 자체에 대한 것은 아니다. 오히려 가격의 싸고 비쌈보다 더 큰 어려움은 정보상품에 돈을 치러야 한다는 패러다임이 보편화되지 않은 것이다.

"밥 한 번 살게."

"술 한 잔 살게."

"아는 사이에 돈은 무슨…."

너나 할 것 없는 이런 생각이 문제다. 나는 강의를 할 때 다른 이의 정보상품을 돈 내고 사 버릇해야 한다고 누누이 강조한다. 그래야 돈을 받고 내 정보상품을 팔 수 있는 당당함이 생겨나기 때문이다. 나는 많은 정보상품을 블로그나 강연으로 무료 제공하지만, 유료 코칭과 강연에서는 돈을 내지 않으면 접할 수 없는 정보와 노하우를 제공한다. 만 몇 천 원을 책값으로 지불한 고객과 수백만 원의 코칭료를 지불한 고객, 수십만 원의 워크숍 비용을 치른 고객이 같은 결과를 얻는다는 것은 말이 안 되기 때문이다.

당신의 정보상품을 책이라는 유형의 상품으로 만들어 판매하는 경우, 가격을 정하는 것은 어렵지 않다. 당신의 거래처인 출판사의 몫이기도 하거니와 관례가 있기 때문이다. 하지만 강연, 컨설팅, 코칭, 카운슬링, 세미나, 워크숍, 온라인 세미나 등 정보와 솔루션을 개별적으로 전수하는 서비스의 경우 가격을 매기기가 쉽지 않다.

서비스 상품의 경우, 스펙이 일정하지 않으므로 다른 사람의 경우와 단순비교하기도 쉽지 않다. 대개의 경우 앞서 비즈니스를 하고 있는 이 시장의 선임자는 얼마나 받고 있는가, 이 서비스의 원가는 어떻게 산정하며 얼마인가, 나의 시간당 인건비는 얼마인가를 파악한 뒤 가격을 정해야 한다. 서비스에 가격을 매기는 일은 전적으로 당신 마음이다. 처음부터 가격을 확정하기보다는 다각도로 실험하면서 고객의 반응을 먼저 살펴라. 그런 다음 응용하라. 가격을 얼마로 책정하든 고객이 구매를 결심할 만큼의 적정 수준을 유지해야 한다. 또 마음먹고 바로 이용하기 편하도록 결제에 대한 프로세스까지 미리 준비해두어야 한다.

"뭘 드릴까요?"

"여기 있습니다."

"값은 ○○○ 원입니다."

판매행위에 필요한 가장 기초적인 세 마디다. 매장에서 판매직으로 일하려는 사람들이 가장 먼저 받는 교육에서 가장 많이 훈련하는 말이기도 하다. 인포프래너로서 정보를 파는 데 가장 기본이 되는 이 세 마디가 세상에서 가장 하기 어려운 말이라고 하는 사람들을 많이 만났다. 물론 나도 그중 한 사람이었다.

인포프래너로 독립하기 전 수십 년을 일해 왔지만, 단 한 번도 돈을 주고받는 업무를 해본 적이 없었다. 부끄럽지만 돈에 대해 잘 모른다는 것을 외려 자랑스럽게 떠들고 다닐 정도로 돈에 대한 편견이 심했고, 위선도 대단했다. 보수라고 몇 푼 받느니 차라리 안 받고 말겠다는 호기를 부리기도 했다. 돈이 싫었고, 돈이 무서웠다. 돈을 밝히는 사람이라는 인상을 주는 것도 겁이 났다. 이 문제를 해결하기 위해서라도 회사를 만들고 직원을 둬야지, 최소한 비서라도 두어 내 입으로 돈을 말하지 말아야지 할 정도였다.

하지만 시간이 흘러 비즈니스가 자리를 잡아가자 돈에 대한 이러한 심리적 장벽을 넘지 못하면 인포프래너 비즈니스가 자리 잡을 수 없으리란 생각이 들었다. 그렇게 되면 아마추어로 전전할 게 뻔했다. 아마추어와 프로페셔널을 가르는 가장 큰 기준이 '돈에 대한 개념'이니 말이다. 그렇게 '돈'과 씨름하다가 저절로 알게 된 사실이 있다. 정작 두려워한 것은 돈 자체가 아니라 돈을 받고 한 일에 대해 책임을 져야 한다는 것에 잔뜩 겁을 먹었다는 것이다. '돈을 받지 않았으니 잘못되더라도 그리 문제되지 않겠지?'하는 식의 생각이 돈에 대한 문제로 변질되어 나를 짓누르고 있었던 것이다.

당신의 정보상품, 사고 싶게 사기 쉽게 메뉴판 만들기

고민 끝에 꾀를 낸 것이 블로그나 인터넷 카페에 이른바 메뉴표를 만든 것이다. 식당에 가면 메뉴판이 나오고 거기에 요리와 가격이 표시되어 있어 고객은 메뉴판대로 주문하고 결제할 때도 거기에 표시된 가격만큼 지불한다. 이때 판매자도 구매자도 가격에 대해 입에 올리지 않아도 된다. 블로그 메뉴판에 내가 파는 정보상품들을 소개하고 가격을 표시했다. 결제하는 방법과 일의 진행방식도 상세하게 표현했다. 이메일주소도 공개해 궁금한 것이 있으면 묻도록 했다. 이렇게 한 뒤 눈앞에서 코칭 가격을 묻는 미래고객에게 이메일주소로 메뉴판이 실린 블로그 해당 페이지를 링크해 보낸다. 메뉴판을 본 고객과 두어 번 메일이 오간 다음엔 계약이 체결되고 결제와 서비스까지의 수순이 물 흐르듯 자연스럽게 진행된다.

가장 어렵게 여기던 것이 해결되니 일에 대한 책임감 문제도 저절로 풀렸다. 정보와 서비스에 대한 보수를 내가 생각했던 만큼 받을 수 있게 되자 무료로 서비스할 때와는 전혀 다른 모드로 임하는 나 자신을 발견했다. 그야말로 그 보수를 주고 할 만했다는 고객만족을 얻어내기 위해 할 수 있는 한 모든 것에 최선을 다했다. 무료로 서비스할 때의 적당주의도 사라졌다.

그렇게 경험이 쌓여가는 동안, 돈을 받는 쪽 뿐 아니라 돈을 내는 쪽도 일을 대하는 자세가 크게 다르다는 것을 알았다. 무료 고객의 경우, 이쪽에서 얼마나 대단한 것을 서비스하는지 그리고 얼마나 열심히 임하는지를 제대로 알아주는 것 같지 않았다. 무엇보다 나의 열성, 열정과는 무관하게 그들 스스로 일을 대충 처리하거나 바쁘다고 먼저 그만두는 어처구니없는 일도 많았다. 얼마짜리든 간에 그들은 돈을 전혀 지불하지 않은 '공짜'였으니 말이다.

블로그에 내가 파는 정보상품을 나열해 값을 매긴 메뉴판을 올린다는 이 경험을 코칭 받는 이들에게 전수하면 모두 만세를 부른다. "이렇게 쉬운 방법이 또 있는가." 하면서 말이다.

인포프래너로서 정보를 팔고 솔루션을 전수하는 일은 전적으로 혼자서 하는 일이다. 크든 작든 조직의 이름으로 일하고, 조직의 이름으로 평가받던 때와는 전혀 다른 양상이다. 그때는 내게 주어진 일만 하면 됐고 그에 대한 보수를 챙기는 전담부서가 따로 있었다. 그런데 인포프래너는 이 모든 것을 혼자 스스로 해야 한다. 그런데 통장에 입금된 액수를 보다 보니 마음이 달라졌다. 만일 회사를 차려 직원을 두고 비서를 시켰다면 입금된 돈으로 그들의 인건비와 회사 관리비까지 부담해야 했을 것이다.

정해진 가격은
무슨 일이 있어도 내리지 마라

일본 남쪽 지방 시코쿠 섬의 고지현은 고만고만한 작은 시골마을이다. 이곳은 시만토 강이 흘러 은어나 장어의 산지로 유명한 산골로, 2007년 이후 해마다 20만 명 이상의 관광객이 방문하며, 매출액만도 2억 8,000만 엔에 달한다고 한다. 이런 기록을 만든 주인공은 그래픽 디자이너 출신의 우메하라 선생과 농협 직원인 아제치 선생이다. 이 두 사람이 주민들이 투자한 회사 '시만토드라마'를 만들어갈 무렵의 이야기이다. 하루는 아제치가 우메하라에게 이런 제안을 했다.

"이곳은 녹차로 유명하니 녹차무료시음회를 하면 어때요?"

그러자 우메하라가 시큰둥하게 답했다.

"왜 이곳의 소중한 자원을 지킬 생각이 없는가. 소비자가 돈을 내고 마시지 않으면 진정한 가치를 모른다."

우메하라는 아제치의 제안을 받아들여 체험을 곁들인 유료시음회를 열었고, 이 이벤트는 대성공을 거두어 '시만토드라마'의 활약에 견인차가 되었다고 한다.

이 이야기는 인포프래너로서 자신과 정보상품에 대한 가격을 얼마나 매겨야 하는지에 대한 바람직한 기준을 제시한다.

반드시 내 값 받기

당신이 만일 영국이라는 나라의 왕이 될 사람의 문제를 해결해 주는 기회를 가졌다고 치자. 대부분의 사람들은 이렇게 생각할 것이다. '무료로라도 기회를 잡아라. 그리고 그 경험을 팔아서 돈을 벌어라.' 하지만 말더듬이 왕자로 소문난 조지 6세의 언어장애를 치료한 라이오넬 로그는 1년 2개월 동안 치료비로 약 198파운드(오늘날의 화폐가치로 환산하면 9,000파운드, 한화로 약 1,400만 원 정도)나 청구했다고 한다.

게다가 그는 '높은 지위'의 고객에 어울리는 버킹엄 궁으로 찾아가 치료를 하기를 거부하고 오히려 자신의 작은 아파트나 허름한 진료실로 찾아올 것을 요구한다. 치료를 받는 사람과 하는 사람 사이에는 신분의 차이가 존재할 수 없으며, 그래서는 치료효과를 낼수 없다고 보았기 때문이다. 이 같은 요구에 조지 6세는 노여워하기는커녕 매번 그가 있는 곳으로 찾아가 치료의 시간을 갖는다. 라이오넬 로그는 상대가 누구든 치료사로서 내 값을 받는데 소홀히 하지 않았던 것이다.

"독자 중 한 사람이 유료상담을 받고 싶다는데, 비용을 얼마나 어떻게 받아야 하는지…."

막 책을 내고 인포프래너로 뛰어든 이들 가운데 이런 자문을 구하는 이들이 참으로 많다. 거래되는 정보상품을 출시한 인포프래너지만 막상 고객이 서비스를 청해오자 값을 얼마나 불러야 할지 고민이 되는 것이다. 또 돈을 어떻게 주고받을지 그 방법도 난감하다. 이 질문에는 돈 받기가 민망하다는 의미가 포함되어 있다. 처음엔 다들 그렇다.

하지만 평생현역을 꿈꾼다면, 어떤 경우든 내 값을 받고 서비스한다는 원칙을 지켜야 한다. 그렇다면 과연 가격은 어떻게 책정하면 될까? 먼저 가격 책정에 대한 기준부터 알아보자.

고속도로를 달리던 자동차가 멈춰서고 말았다. 가까운 정비센터의 전문가가 운전자의 연락을 받고 달려왔다. 보닛을 열고 이곳저곳을 살피던 그는 전문가답게 10분도 채 안 되어 고장을 수리했다. 그러고는 장갑을 벗으며 수리비 30만 원을 청구했다. 운전자는 황당해하며 "아니, 10분도 안 되어 무슨 30만 원입니까?"라고 따졌다. 그러자 정비전문가가 이렇게 응수했다.

"10분 만에 수리하도록 20년 동안 훈련했거든요."

말하자면 이 이야기 속의 정비전문가처럼 당당한 계산법으로 가격을 책정, 청구하라는 조언이다. 가격을 어느 정도 매기는가에 대해서 일괄적인 힌트를 제공하는 것은 무리다. 무엇을 어떻게 얼마나 서비스하는가에 따라 가격은 그야말로 천차만별일 테니까.

10분 수리에 30만 원을 청구한 정비전문가처럼 정보상품의 가격 책정은 당신이 부르는 게 '값'이다. '시장에서 얼마나 독보적인 존재인가'가 당신의 가격을 결정하는 유일한 수단이다. 그렇다고 하더라도 다만 어떻게든 당신이 시간당 인건비를 제시할 때 참고했으면 하는 게 있다.

강의를 하기까지 들인 내 시간비용을 포함하라

만일 당신이 시간당 서비스료를 10만 원 받기로 했다고 치자. 그렇다면 당신에게 돌아오는 순전한 서비스료는 5만 원일수도 있고, 3만 원일수도 있다. 세금을 제하고 중간에 거래를 성사시켜준 이들에게 지불하는 중개료나 원가 따위를 공제해서가 아니라, 1시간을 서비스하기 위해 들인 다른 시간비용이 포함되기 때문이다. 1시간 동안 고객을 만나 서비스하기 위해 옷도 갖춰 입어야 하고, 미팅장소까지 나가야 하고, 차도 마실 수 있고…. 이러한 시간들을 비용으로 환산하면 5만 원도 7만 원도 될 수 있다는 뜻이다. 만일 이 시간비용이 5만 원이라면 당신이 1시간 서비스하고 받는 돈은 차액인 5만 원에 불과하다는 것을 잊지 말아야 한다. 그러니 '내 솔루션 서비스료는 시간당 5만 원'임을 받아들일 수 있는가 하는 고민을 먼저 해야 한다.

나는 서울 밖에 살기 때문에 경기도 북부나 강원도에 2시간 특강을 하러 오면 하루를 온통 거기에 받쳐야 한다. 그러니 2시간 특강을 위해 내가 투입하는 비용은 '기본 서비스료 + 12시간 인건비 + 교통비'로 계산된다. 이 때문에 나의 특강료는 좀 비싼 편이다. 이 계산법을 인정하지 않고 요금을 깎으려 든다면 나는 이에 응하지 않는다. 또 나는 일주일에 닷새는 외근을 하지 않기로 했으므로 내가 가능한 이틀 중 하루만 특강이 가능하다. 만일 내가 불가능한 닷새 중 하루에 특강을 청한다면 나의 강의료는 더더욱 비싸진다.

당신은 평생에 걸쳐 단련해온 재능을 정보상품으로 서비스하는 인포프래너이다. 그러니 당신의 값어치에 대해 당신이 먼저 제대로 된 대우를 해야 하며, 그러기 위해서는 셈이 밝아야 한다. 이쯤에서 몹시 귀한 어드바이스를 소개한다. 영화 〈300〉의 시나리오를 쓴 작가 스티븐 프레스필드가 후배 작가를 위해 쓴 책《최고의 나를 꺼내라》에서 건진 이야기다.

프레스필드는 힘들고 어려운 일이 있을 때 '자신을 하나의 회사로 생각하라'고 한다. 우리가 자신을 하나의 회사로 생각한다면 자신의 일에 건강한 거리감을 유지할 수 있을 것이라고 전제하면서, 그렇게 되면 자신의 일에 더 객관적이 될 것이다. 그리고 수많은 장애에 침착하게 대처하고 자신의 일에 더 냉정해지며 자신이 만들어내는 제품에 현실적인 가격을 매길 수 있고, 악착같이 덤벼들어 자신의 제품을 팔 수 있을 것이라고 말이다. 어떤가, 그의 말마따나 당신이 회사의 CEO라 생각하고 당신이라는 유능한 부하직원에게 지시를 내려보라. '우리 회사가 우리 제품에 얼마를 받으면 될까?' 하고 말이다.

장학금을 투자하면 반드시 돌아온다

나도 앞서 말한 대로 카페에 올려진 서비스 메뉴판 가격에 따라 값을 받고 가격 흥정은 하지 않는다. 다만 의미 깊은 행사인 경우 무료로, 또는 주최 측에서 마련한 실비만 받고도 서비스를 하기도 한다. 더러 주최 측에서 줄 수 있다는 강연료가 제시된 금액보다 터무니없이 적은데도 강의를 하고 싶어지는 경우가 있다. 이때는 아예 강의료를 받지 않고 협찬하겠다고 한다. 그러면 나의 강의료는 유지될 수 있고 상대는 강연을 들을 수 있다.

가격 책정과 관련한 마지막 조언은, 얼마를 책정하든 한 번 책정되면 가격을 낮춰 요구에 응하지는 말라는 것이다. 당신의 가격은 당신이 원래 책정한 금액이 아니라 당신이 고객으로부터 받은 금액으로 결정되기 때문이다.

돈을 받을 때는 반드시 제값을 받고, 그렇지 못할 바엔 '장학금으로 재투자했다고 생각하고 돈을 받지 않겠다'는 새로운 셈법을 적용하게 된 것이다. 이런 생각으로 '토즈책쓰기교실'은 한 푼의 강의료도 받지 않고 수년 동안 진행해왔다. 돈을 받기는커녕 내 스스로 경비를 부담해가며 프로그램을 진행하기 위해 오간다. 그런데 세상엔 정말로 공짜가 없다. 이른바 '장학금' 공짜코칭을 경험한 이들이 개별적인 유료코칭을 청해 오거나 유력한 이들을 소개해 결국 그 비용을 보전하게 되는 경우가 적잖았다.

한번은 어떤 영화사로부터 연락을 받았다. 당시 영화사는 고지식한 남자가 '아부의 달인'으로부터 아부의 기술을 배워 성공한다는 내용의 영화를 기획하고는 그와 관련된 에피소드를 찾는 과정에서 내 책《고객을 사로잡는 한마디》를 발견했고, 아이디어가 있으면 나눠달라고 했다. 그들의 요구를 듣고 이렇게 반문했다.

"내가 왜 그 일을 해드려야 하지요?"

이렇게 물으면서도 나는 이미 그와 관련해 떠오르는 아이디어들을 메모하고 있었다. 당시 나는 시나리오를 공부하며 픽션 쓰기를 연구하던 참이라 보수를 받지 않더라도 영화작업에 그런 식으로라도 참여한다는 것이 신났고 설렜기 때문이다. 그런가 하면 어떤 일은 천만금을 준대도 하기 싫은 경우가 있다. 물론 단번에 거절한다. 그것이 인포프래너의 특권 아니겠는가?

내 정보상품을
어디서 어떻게 팔지?

우리에게 익숙한 미국 베스트셀러 저자들은 인포프래너 원주민이다. 소설을 쓰는 작가로 입신양명을 꿈꾸던 데일 카네기는 그 가운데서도 원조격이다. 그가 리더십에 대한 첫 강의를 열며 인포프래너로 데뷔한 1912년은 인포프래너들의 원년이기도 하다. 그러므로 몇몇 유명한 인포프래너들이 어떤 경로로 정보상품을 팔아왔는가를 살펴본다면, 당신의 정보상품을 유통하는데 귀한 아이디어를 얻게 될 것이다.

데일 카네기가 유명해진 것은 미국 출판업계가 값싼 페이퍼백을 쏟아내기 시작한 시기와 일치한다. 아무래도 세미나로 정보상품을 파는 방식은 여러 가지 물리적인 장벽이 존재할 수밖에 없지만 책으로, 그것도 전에 비해 훨씬 저렴해진 가격으로 내용을 공유한다는 것은 그의 정보상품을 탐내던 고객들에게 더없이 반가운 소식이었다. 부흥회 스타일의 쇼 비즈니스를 감행한 앤서니 로빈스는 1984년 막 출범한 TV 정보광고를 이용해 5년간 약 1억 2,000만 달러어치의 정보상품을 팔았다. CD와 책과 카세트테이프에 정보상품을 담아 신용카드로 결제하게 했고, 어디서든 배송받을 수 있게 함으로써 고객들의 수요에 불을 질렀다.

다양한 유통경로를 확보하라

책이나 전자책은 콘텐츠를 개발, 출판사에 넘기면 당신은 신경쓸 게 전혀 없다. 당신이 골프를 치고 있는 사이에 당신의 책은 출판사와 서점에 의해 프로모션이 되고 알아서 고객의 손에 전해지며 수익을 나눠 받게 된다. 과정도 간단해 정보와 노하우를 원고 상태로 만들어 출판사에 전달하면 끝이다. 게다가 책의 판매를 위해 출판사에서는 다양한 방법으로 당신과 독자(인포프래너인 당신에게는 고객이기도 하다)의 만남을 주선한다. 내로라하는 출판사를 통해 책을 출판할 수 있다면 당신은 날개를 단 호랑이나 다름없다.

반면, 정보와 솔루션을 개별적으로 전수하는 경우는 당신이 직접 그리고, 준비하고, 실행해야 한다. 함께하는 고객의 수준이나 요구에 맞는 맞춤 솔루션을 제공해야 하는 수고로움도 필수다. 내가 코칭한 예비 인포프래너들은 고객들과 직접 만나 자신을 파는 것을 두려워하는 이들이 많았다. 남들 앞에 나서서 이야기하는 것이 가장 많은 이들이 두려워하는 일이라고 하지 않는가? 하물며 인포프래너는 그들에게 돈을 받아가며 강의하고 워크숍을 진행하면서 노하우를 전수해야 하니 지레 겁을 먹고 두려움에 떠는 것도 무리는 아니다.

겁먹지 마라. 두려워할 것도 없다. 하다 보면 감각이 절로 익혀진다. 고객 반응에 따라 어떻게 대응할지도 저절로 알게 된다. 그래서 경험만한 선생이 없다고 했는가. 전문적으로 강연을 하는 사람들의 고만고만한 자문을 토대로 완벽하게 설계해 뛰어들었다가 계획대로 일이 돌아가지 않는 것에 당황하고 낙담하기보다는, 일을 직접 경험하며 배우고 통찰해 일의 모양새를 다듬어가는 것이 더욱 효과적이다. 나 역시 해보고서야 깨달았다.

미국 등지에서 활약하는 인포프래너들은 출판사를 세우고 자신의 책을 출판하는 경우가 많다. 이렇게 출판한 책은 기존의 유통 라인을 이용해 팔기도 하고, 홈페이지에서 직접 정보상품을 판매한다. 세미나를 유료로 열어 책을 팔기도 한다. 국내는 물론 해외에까지 책 판매를 위해 홍보투어를 다니기도 하고 오디오북이나 DVD, 소프트웨어 등도 손수 제작해 직접 팔기도 한다. 인포프래너가 활약하기에 우리와는 많이 다른 환경이라서 가능한 것인지도 모르겠지만, 이들의 사례를 통해 당신에게 제안하는 것은 당신의 정보상품이 날개 돋친 듯 팔려나갈 당신만의 독창적인 유통경로를 확보하라는 것이다.

앞서 언급한 것처럼, 나는 활발하게 운영하는 인터넷 카페와 블로그에 내가 파는 정보상품 메뉴판을 올려놓았다. 정보상품 구매하는 요령, 결제하는 방식까지 세세하게 기록해놓았으므로 검색,

강연, 소개 등 다양한 경로로 나를 알게 된 잠재고객이 블로그에 접속, 상품에 대한 것을 둘러본 다음 마음이 내키면 이메일로 코칭을 문의할 수 있도록 그와 관련된 모든 것을 공개해두었다.

코칭프로그램에 빈자리가 생길 때마다 인터넷 카페에 공지하면 카페를 드나드는 이들이 코칭을 청하기도 한다. '내게서 코칭을 받으세요'라는 식의 직접적인 방법으로 정보상품을 팔지는 않지만, 블로그와 카페를 통해 이 상품들의 특장점을 어필하는 소극적인 방법으로도 비즈니스는 곧잘 굴러가고 있다. 이러한 소극적인 자세의 하나로 여러 기관이나 기업에서 제휴하자는 제안도 정중히 거절한다. 이를 수락하면 코칭료를 산정하는 데서 문제가 발생할 가능성이 높은데, 그것을 해결하느라 에너지를 나누고 싶지 않기 때문이다. 무엇보다 나는 가정에서 나의 위치를 인포프래너 비즈니스가 뒤흔드는 것을 원치 않으므로 지금처럼 소극적인 방식이 좋다.

하지만 당신은 당신이 생각할 수 있는 최대한의 적극적인 방식과 방법으로 비즈니스를 운영하기 바란다. 잠재고객의 데이터베이스를 확보할 수 있다면 이메일 마케팅도 하고, 제휴 비즈니스도 하고, 고객이 고객을 소개하는 마케팅도 하기 바란다. 아무려나 어떤 방법이든 인포프래너 비즈니스에 대한 당신의 원칙과 기준이 허락하는 범위 내에서 가능한 한 창의적인 아이디어를 실행하라는 당부다.

남의 지혜로는 멀리 가지 못한다는 말이 있다. 나보다 먼저 인포프래너로 살아온 이들의 경험담이나 가이드를 참고하는 것은 좋지만, 그들이 제시하는 노하우나 팁에 매몰될 필요는 없다. 그건 어디까지나 그들의 비즈니스다.

돈 보다 더욱 값진 무한한 보수들

앞에서 정보상품에 가격을 매기는 문제를 이야기했지만, 어떤 식으로 정보상품을 공급하든 그 보수는 반드시 돈으로만 챙길 일은 아니라는 것에 대해서도 언급하고 넘어가야겠다.

일본의 베스트셀러 《일하며 얻는 10가지 행복》의 저자 다사카 히로시 선생은 일하면서 '철학, 성장, 목표, 고객, 공감, 격투, 지위, 친구, 동료, 미래에 대한' 행복을 느낄 수 있다고 주장한다.

나는 책쓰기를 계획하는 이들에게 주제와 관련된 크고 작은 프로젝트를 기획해 실행하게 한다. 책을 쓰는 데 필요한 레퍼런스를 축적하기 위해 위해서다. 말뿐만이 아니라 직접 경험함으로써 더욱 풍성한 이야기를 할 수 있다고 믿기 때문이다. 지휘관은 오로지 전투경험으로만 말할 뿐이다. 배워서 알거나 들어서 혹은 봐서 알고 있는 것은 진정으로 아는 게 아니다. 이런 관점에서 보면 가장 비싼 보수는 돈이 아니라 경험이다.

고객을 위해 어떤 서비스를 제공하면 돈뿐 아니라 다양한 형태의 보수를 받게 된다. 물론 가장 일반적인 것이고 확실한 것이 금전적인 보수다. 하지만 돈으로 챙기는 보수는 아무리 많이 받아도 적은 듯하다. 다음엔 더 받을 수 있겠다 싶은 유혹에 빠지기도 한다. 반면 눈에 보이지 않는 보수는 아무리 적게 받아도 많게 느껴진다. 고객에게 서비스를 제공하는 과정에서 새로운 지식을 얻는 것도 꽤 괜찮은 보수다. 또 고객이라는 가치 있는 관계를 얻는 것도 인포프래너로서 얻을 수 있는 보수의 하나다. 평판이라는 보수도 있다. 일도 하고 평판도 얻고…. 100세 시대를 살아가는 지속가능한 성장의 비결인 것이다.

마지막으로 성장이라는 보수가 있다. 한마디로 고객에게 서비스하는 그 일을 숱하게 경험함으로써 당신은 한도 끝도 없이 성장할 수 있다. 이 경지에 이른 인포프래너란 그 자체로 크나큰 보수를 받는, 삶으로부터 보상을 받는 놀라운 여정이다.

Operation

미국의 사업가이자 경영컨설턴트인 베리 J. 기본스는
"신을 웃게 하려면 당신의 사업계획서를 보여라!"라는 말로 사업계획이란 것이
얼마나 무용지물이냐며 사업계획서 쓰기에 목매는 사람들을 조롱했다.
그는 또한 사업을 계획할 때 결코 용납해선 안 될 것이 두 가지 있다고 강조했다.
그중 하나는 '이전에 해본 적이 없는 일이니 하지 않겠다'고
다른 하나는 '이제껏 해온 방식이니 그대로 해보겠다'는 것이다.
인포프래너로서 사업을 전개하는 방식은 이 세상에 존재하는 인포프래너의 수만큼
다양하다. 그만큼 인포프래너 비즈니스는 인포프래너의 역량과 성향, 독창성,
추진력에 따라 각기 다른 방식과 결과를 만들어낸다는 뜻이다.
당신도 다른 인포프래너가 무엇을 계획하고 어떻게 실행했는가를 엿볼 생각 말고
당신만의 방식으로 시작하기 바란다. 그리고 시작했다면 무조건 계속하라.

PART 04

인포프래너
사업전략

인포프래너는
계획 없는 여행이다

다음의 공통점은 무엇일까?

1. 빅토리아 시크릿
2. 페이스북
3. 이베이
4. 메이플라워호

세계적인 브랜드들인 이들의 공통점은 그 시작이 지극히 개인적인 데서 비롯되었다는 것이다. 무안당하지 않고 여자 친구에게 속옷을 선물하고 싶었다(빅토리아 시크릿). 여자 친구에게 본때를 보이고 싶었다(페이스북). 여자 친구의 쇼핑을 돕고 싶었다(이베이). 기도를 맘껏 자유롭게 하고 싶었다(메이플라워호).

이들 브랜드처럼 의외로 수많은 거대한 성공들의 시작은 미미하기 짝이 없었다. 이익을 내야 먹고살지 않겠느냐며 페이스북에 광고를 실어야 한다고 주장한 공동창업자의 제안을 물리치면서 마크 주커버그가 한 말이 두고두고 생각난다.

"우린 모른다. 이것의 진짜 모습을. 그러기에 광고 따위로 이것의 미래를 축소할 수 없다."

주커버그의 저 근사한 말이 내가 당신에게 꼭 하고 싶은 말이다.

"인포프래너로 내딛는 당신의 시작이 어떤 모습으로 변화될지 아무도 모른다. 그러기에 계획 따위로 이것의 미래를 축소할 수 없다."

내 삶의 갑으로 사는 법

이 책이 인포프래너가 되라는 권유를 계속하고 있지만, 내비게이션처럼 시시콜콜 그 길을 안내하지는 않는다.

"100미터 앞에서 오른쪽 방향, 삼거리에서 11시 방향, 10미터 앞에 과속방지턱, 500미터 앞에 감시카메라 조심…."

이런 식의 길 안내는 운전석에 앉은 이를 편하게 할지는 몰라도 운전하는 동안에 가능한 다양한 경험을 앗아가기도 한다. 내비게이션에 의지하는 운전은 그 여정을 기억하기도 힘들다. 따라서 목적지에 도착해 차에서 발을 내딛는 순간에 느끼는 홀가분함과 성취의 기분도 없다.

그렇다. 이 책이 인포프래너로 살아가는 방법에 대해 미주알고 주알 안내하지 않는 것은 그 여정에서 일어나는 각각의 귀한 경험들을 일일이 느끼며 온전히 당신의 것으로 만들라는 의도다. 아울러 계획을 우선시해 특정한 방법론을 따라야 한다는 원칙이 확고하면 첫걸음을 떼기가 너무 힘들기 때문에 몸을 가볍게 해 우선 첫걸음을 내디뎌보라는 마음에서이기도 하다.

무엇보다 이 책이 그리 상세하지 못한 것은 인포프래너로 살아가는 매순간에 자기결정권을 행사하라는 권유이기도 하다. 자기결정권을 행사하는 것은 아주 긴 시간 동안 외면해온 자기 삶의 주인이 되기를, 삶의 주인으로서 눈앞에 펼쳐진 것들에 대해 스스로 생각하고 결정하고 실행해 모든 결과를 오롯하게 즐기고 책임지며, 영양분까지도 고스란히 섭취하는, 내 삶의 영원한 '갑'으로 살기를 권하는 때문이다.

인포프래너로 일단 출발하라. 그리고 인포프래너로 살면서 고치고 다듬고 보완해가는, 오감으로 느끼는 삶을 살아보자는 권유인 것이다. 나처럼 생각하고 실천하는 사람은 의외로 많다.

요시카 피셔를 알고 있는가? 그는 독일의 전 외무장관이다. 112킬로그램이나 나가는 뚱보였던 그는 달리기로 인생의 위기를 극복하고 자신이 원하던 모습을 되찾은 의지의 인물이다. 달리기를 시작했을 때 그에겐 전문트레이너가 짜준 프로그램이 있었던 것도, 달리기로 도달하고 싶은 비전을 담은 로드맵이 있었던 것도 아니었다. 그는 다만 달리기 시작했다.

"시작이 중요했다. 거리나 시간, 자세 등 다른 어떤 것도 그 시점에서는 중요하지 않았다. 모든 것의 초점은 시작과 지속하는 것에 있었다."

자, 당신도 일단 첫걸음을 시작하라. 달리면서 생각하자. 달리면서 배우고 달리면서 익숙해지자. 나중에? 기회가 되면? 좀 더 준비해서? 우리 얼마나 오랫동안 "나중에, 나중에…." 하며 살아왔던가? 자신의 의지를 누군가로부터 도움을 받아서 해결하겠다는 생각으로 다른 이들에게 결정권을 넘기지 말라. 지금이 아니면 대체 언제 시작할 것인가?

완벽한 계획을 기다리지 말고 일단 시작하라

꼭 16년 전 이맘때, 그 몇 달 전만해도 타고난 조직형 인간이던 내가 그곳을 내 발로 뛰쳐나와 독립군으로 일하게 되리란 것을 생각조차 하지 못했다. 당시에는 나 자신이 조직에서 승승장구해 별을 달아보고는 은퇴하는 전형적인 회사형 인간이라고만 생각했다. 다른 가능성에 대해서는 열어놓지 않았던 것이다. 그럴만한 계기도 인식도 없었다. 그런 안일한 생각으로 당시 회사를 그만두면서도 무엇을 어떻게 하겠다는 거창한 사업계획서는커녕, 당장 석달 뒤에 무엇을 하고 있을지조차 모르는 채였다.

미국의 잘나가는 컨설턴트인 베리 J. 기본스는 "신을 웃게 하려면 당신의 사업계획서를 보여라."고 일갈한다. 사업계획서가 쓸모 없는 물건임을 만천하에 알린 것이다. 아울러 사업이든 인생이든 결코 용납해선 안 될 것으로 그는 "이전에 해본 적이 없는 일이니 하지 않겠다!"와 "이제껏 해온 방식이니 그대로 해보겠다!"라고 주장한다.

나 역시 사업계획서란 것을 만들었다면 신을 웃겼을지도 모른다. 나는 이 두 가지를 용납하지 않는 자세야말로 인포프래너가 고수해야 할 자세라고 믿는다. 계획이나 로드맵은 전에 해온 것을 바탕으로 하겠다는 태도이며, 전에 해온 것을 바탕으로 삼는다는 것은 해본 적이 없는 것은 하지 않겠다는 의지와도 통한다. 하지만 지금은 그럴 때가 아니다. 자고 일어나면 어제라는 과거, 어제의 기술, 어제의 사고, 어제의 장점은 백미러로 보이지도 않을 만큼 저만치 밀려나 있다.

계획이란 것 또한 어제의 기준으로 만들어진 것이다. 그러니 내일 그 계획을 펼쳤을 때 그사이 또 세상이 얼마나 변해 있을 지는 아무도 모른다. 이럴 때 로드맵을 만들고 그에 따라 한 발 한 발 내딛겠다는 계획은 백미러를 보며 운전하겠다는 것이나 다름없다.

나야말로 인포프래너로 한 발 디딜 때마다 고객과 시장에서 새로운 것을 발견하고 그때그때 그것에 대처함으로써 하루하루 단단해졌다.

나는 저자와 출판사를 연결하는 출판프로듀싱이란 업으로 인포프래너를 시작했다. 그 과정에서 콘텐츠를 가진 저자에게서 출판할 만한 원고를 끌어내는 일에 출판사들이 힘겨워한다는 것을 깨달았다. 그 분야라면 내가 얼마나 오랫동안 잘해온 것인가 싶어 책쓰기를 코칭하는 비즈니스를 시작했다. 출판사들이 환호할 저자를 발굴하고 책을 쓰게 해 출판사에 제시하면 출판될 확률이 100%였다. 한동안 이 일에 빠져 살았다.

그러던 중에 또 하나 징후를 발견했다. 매력 있는 콘텐츠를 지녔고, 자신의 책을 출간하고 싶어 하는 바람도 절실한데 원고를 써내는 일이 지지부진한 예비 저자가 참 많다는 것이었다. 이게 뭘까 하고 일일이 면담하며 들여다보니, 모두에게서 글쓰기가 부진해서라는 원인을 발견할 수 있었다. 잡지 편집장으로 일하며 기자들의 원고를 일일이 피드백을 했고, 그 과정을 통해 그들을 글 잘 쓰는 기자로 조련해온 경험은 이번에도 빛을 발했다. 예비 저자들의 갈증을 해결해줄, '책이 되는 글쓰기 레슨' 프로그램을 만들어 팔기 시작했다. 프로그램의 노하우 또한 책으로 만들어 판매했고, 블로그를 통해서 많은 이들과 함께하기도 했다.

지금 내가 진행하고 있는 인포프래너 비즈니스의 내역을 보면 처음 시작할 때 막연히 계획하던 것은 겨우 10%쯤 남아 있을 뿐이다. 만일 그때 완벽한 계획이랍시고 만들어 시작했더라면 여태 그 궤적을 쫓느라 허우적거리고 있을 게 틀림없다.

안전지대를 벗어나라

여기서는 인포프래너가 되는 것을 꿈꾸고 다짐하고 계획하느라 에너지를 탕진하지 말고, 그 에너지를 인포프래너로 사는 데 사용하자는 제안을 하려 한다. 가능한 한 빨리 실행하시라고 말이다. 건축가이자 전 국회의원인 김진애 선생이 말했다. 창업을 해보면 자신을 적나라하게 알 수 있다고. 창업이라는 과정은 자신의 능력을 객관화해보고 처음부터 끝까지 챙겨보고 성공과 실패에 대한 모든 책임을 지는, 글자 그대로 홀로서는 일이라고 말이다.

김진애 선생의 이 말은 자신에 대해 알고 난 다음 준비하고 계획하고 다짐하고 나서 시작하는 일이란 있을 수 없다는 가르침이기도 하다. 당신의 발이 꿈쩍도 않는 것은 겁이 나서 그렇다. 가보지 않은 길에 대한 불안 때문이다. 지금까지 잘 버텨온 안전지대를 벗어나야 한다는 두려움 때문이다. 불안과 두려움에 직면하면 그 해법으로 꼼꼼한 사업계획서를 만드는 이들이 많다. 하지만 그 작업은 오히려 불안과 두려움을 조장한다. 안 된다는 전제가 깔린 작업이기 때문이다. 잘 안 될지도 모르니까 계획을 꼼꼼히 세워 되게끔 하겠다는 우격다짐이 반영된 행동이기 때문이다.

그러면 이렇게 생각해보면 어떨까? 지금 당신이 딛고 선 그 안전지대는 얼마나 안전한가? 더할 수 없이 안전하다면 당신은 왜 이 책을 읽으며 다른 꿈을 꾸게 되었는가? 해오던 일을 계속하게 되면 안전한가? 그 일을 천년만년 계속할 수 있는가? 정말 놀랍게도 당신이 안전지대에서 발을 떼는 순간, 그 발은 인포프래너의 세계라는 놀이지대로 빠져들게 될 것이다. 새로운 것, 끌리는 것, 신나는 것, 재미있는 것 천지인 놀이지대야말로 당신의 후반생이 펼쳐질 무대다. 이래도 사업계획서가 먼저 필요하다고 생각하는가?

눈앞에 있는 것부터 시작하라

가난한 사람들을 위해 그라민은행을 설립한 무하마드 유누스 교수에게 한 대학생이 물었다.

"의미 있는 일을 하려는데 할 일이 너무 많아 무엇부터 해야 할지 모르겠습니다."

그러자 유누스 교수는 이렇게 답했다.

"바로 앞에 있는 문제부터 시작하세요. 눈에 보이는 문제부터 시작하는 겁니다. 저도 그렇게 시작했어요, 사채업자의 마수에서 벗어나기 위해 그리 많지 않은 돈을 필요로 하는 한 여성부터요."

사업계획서니 마스터플랜이니 하는 것들은 잊어버려라. 아니 신경도 쓰지 말라. 인포프래너가 되겠다는 것은 자동차를 만들어 시운전을 하자는 게 아니다. 안전과 주행, 승차감 모든 면에서 완벽을 기해 만든 다음에나 가능한 것이 아니라, IT기업들처럼 도발부터 하는 것이다. IT기업들이 제품을 출시하는 것은 제품이 완벽해졌을 때가 아니라, 사용자들이 테스트를 하고 싶어 할 때다. 빌게이츠를 비롯한 IT 갑부들은 이런 식으로 떼돈을 벌었다. 더 이상 손볼 데가 없어서가 아니라 어디를 손봐야 할지 모를 때 출시하는 것이다. 사용자로부터 피드백을 받아 수정작업을 할 때마다 업그레이드되었다며 새 제품을 출시한다. 물론 매번 돈을 새로 받는다. 대표적인 갑부 기업 구글의 마리사 메이어 부사장이 하는 말을 되새겨보자.

"기술자들이 내게 프로토타입을 가져오면 나는 이렇게 말해요.

'훌륭해, 해보자'라고요. 그러면 기술자들은 '오, 안 돼요. 준비가 안 됐어요. 아직은 구글 제품 같지 않아요'라고 대답해요. 그러면 나는 그들에게 말하죠. '구글은 제품을 조기에 론칭해 반복해 사용해 봅니다. 그렇게 하면서 시장이 무엇을 원하는지 배우는 것이죠. 이런 과정을 거쳐서 위대한 제품이 만들어지죠'라고요."

이들의 도발유전자는 인포프래너에게 반드시 필요한 유전자다. 그들처럼 인포프래너도 배워가며 일하는 자세가 필요하다. 배우고 준비한 다음 일하는 게 아니다.

우물을 파 본 사람은 물이 나오지 않아도 실망하지 않는다는 말이 있다. 실망하는 부류는 끝내 우물을 파 보지 않은 사람이란 이야기다. 인포프래너로 살기 위한 사업계획서와 로드맵, 자문, 선배들에게 경험전수 등은 하지 않아도 된다. 그 많은 준비를 하는 동안 오히려 자신감은 사라지고 의기소침해지기 일쑤다. 그런 것들은 모두 자신 없음을 상징하는 행위에 불과하다. 어떤 치밀한 시뮬레이션으로도 순간순간의 정서적 감흥을 담지는 못한다. 우연과 기적이 빚어내는 뜻밖의 결과와 행운이 자리 잡을 수 있는 여지는 만들어내지 못한다.

최단거리를 탐내지도 마라. 지금껏 고속도로를 달렸던 당신은 이내 국도를 달리게 될 것이다. 고속도로와는 전혀 다른 차원의 여정을 경험하게 되는 것이다. 인포프래너로서 필요한 모든 것은 이미 당신 속에 있다. 그러한 자존감을 밑천삼아 그저 한 발 내딛어라. 처음엔 길이 보이지 않을지 모른다. 하지만 일단 출발했으니

한 걸음씩 계속 걸어라. 돌아보면 문득 당신이 걸어온 길이 보일 것이다. 알피니스트 라인홀트 메스너의 말마따나 길은 우리들의 뒤에 있는 법이니까. 그 걸음걸음이 어떤 모양새의 노둣길을 만들어낼지 흥미진진하게 지켜보자.

자유바이러스로 무장하라, 게릴라 같은 내 인생

영국의 고고학자 하워드 카터가 3,300년 동안이나 파묻혀 있던 이집트 파라오 투탕카멘의 무덤을 연 것은 1922년의 일이다. 무덤의 전실을 열던 바로 그 순간, 그는 그 안의 경이로운 것들에 눈멀고 귀 멀었다.

"뭐가 보입니까?"

뒤에서 말을 걸어와서야 정신을 차린 하워드 카터는 그제야 말문을 열었다.

"네, 정말로 멋진 것들요(Yes, Wonderful things)."

독자를 대표해 어느 한 사람이 내게, 인포프래너로 살아온 16년에 대한 소감을 한마디로 들려달라고 한다면 하워드 카터의 저 표현을 빌려 이렇게 말하겠다.

"예, 정말로 멋졌어요. 파라오의 무덤이 열리며 쏟아져 나온 황금 마스크나 전차, 무기, 의류 같은 진귀한 보물 5,000여 점보다 인포프래너로 살며 16년 동안 경험한 것들이 저에겐 훨씬 더 진귀했어요."

게릴라처럼 쏘고 조준하라

인포프래너로 산다는 것은 오랫동안 반복해오느라 습관이 되어버린 이전의 생활을 연장하거나 답습하거나 그리워하거나 보충하는 것을 의미하지 않는다. 오히려 그와는 전혀 다른 삶을 새롭게 살아보자는 것이다. '꿀벌'처럼 열심히 일만 하는 사람이 아니라 '게릴라'처럼 활동하는 혁명가로 살아보자는 제안이다.

'게릴라'라는 역할모델은 경영컨설턴트 게리 해멀이 주창한 것이다. 그에 따르면 게릴라란 자율과 창조라는 키워드를 에너지로 활동하는 혁명가이다. 무에서 유를 창조하는 연금술사이며, 기존 관행의 헤게모니를 뒤집어엎고자 애쓰는 전복가다. 또 고민하고 공부하기보다 실행하고 창조하는 데 더 민첩한, 이 책에서 말하는 바로 그 인포프래너의 모습이다.

그러므로 사업에 필요한 기본 인프라가 어떻고, 프로세스가 어떠하며 어떤 시스템을 갖춰야 하는가와 같은 질문에 답을 찾느라 시간을 낭비하지 말자. 비즈니스에 필요한 세무며 회계, 노무에 관한 것은 그 분야 전문가들에게 대행을 맡기면 된다. 시장조사만큼은 해야 한다고? 글쎄…? "전화나 전기를 누구에게 물어보고 발명했는가?"라는 볼멘소리를 한 것은 스티브 잡스다. 아마 인포프래너로 뛰어들기 전 지금 내가 하고 있는 일에 대해 시장조사랍시고 했다면 십중팔구, 이런 답이 돌아왔을 것이다.

"책은 아무나 쓰나?"

"책 쓴다고 제법 큰돈을 쓸 시장이 형성될까?"

중요한 것은 자기발화다. 누가 불을 붙여주기를 기다리고 있지만 말고 인포프래너로 살겠다고 결심하고 곧바로 그 여정에 뛰어들어라. 그래도 불안하다면 비즈니스 시스템으로 블로그(인터넷 카페, 페이스북 등을 모두 포함해)를 하나 준비하라. 그거면 충분하다. 업무시스템? 스마트폰 하나면 충분하다. 스마트폰을 능수능란하게 사용할 수 없다고 고민할 필요 없다. 스마트폰으로 고객이 기다리지 않도록 제때 메일에 응대할 수 있으면 된다. 사업장은 어떻게 하느냐고? 디지털유목민의 시대에 아직도 그런 고민을 할 필요가 있는가? 스마트폰이 있으니 무선 인터넷을 서비스하는 커피 전문점이면 사업장으로 충분하다.

마케팅전문가 해리 벡위드는 전 세계 고객사를 방문하며 일하고, 그 외에는 커피숍에서 일한다고 한다. 경영 구루들도 그렇게 일한다. 여기에 태블릿 PC 한 대만 더 갖추면, 이 기기를 여는 순간 업무가 시작되고 그 자리가 당신의 일터가 된다. 넷북, 와이파이, 스마트폰으로 무장하고 시간과 장소에 상관없이 근무하는 오피스리스 워커가 세계적으로 2,200만 명이나 된다고 한다. 그들은 와이파이가 되는 곳이면 어디서라도 일한다. 당신도 창조적이고 생산적인 이 시대를 대표하는 그들 중의 한 사람이다. 게다가 당신에겐 집이 있다. 집에서 기본 업무를 보고 고객은 밖에서 만나거나 온라인으로 접촉하면 된다.

요즘은 전형적인 오프라인 업종이라도 사업장을 여느라 비싼 임대료와 실내장식에 적잖은 돈을 투자하고, 그곳을 지켜줄 직원을 두고 이런저런 기기와 장비에 돈을 쓰는 일은 하지 않는다. 그때그때 고객을 찾아 옮겨 다니는 팝업스토어가 대안으로 자리 잡았기 때문이다.

앞서도 강조했지만, 인포프래너를 위해 당신이 해야 할 준비는 명함을 찍는 것과 당신을 찾아낼 미래 고객을 위해 공짜로 유지 가능한 블로그 하나 열어두는 것이다. 나 역시 초기에는 두 번 사무실을 꾸려 운영했는데, 생각보다 많은 에너지를 투자해야 한다는 것을 알아차리고는 바로 없애버렸다. 그나마 그런 시행착오를 겪었기에 지금과 같은 5촌 2도(1주일에 5일은 촌에 2일은 서울에)를 구상할 수 있었고, 성공적인 생활을 이어오고 있다.

촌에 있는 닷새 동안, 가족들이 각자의 몫을 하기 위해 이른 아침 집을 나서면 그때부터 집은 나의 집무실이자 작업실이다. 일하기 딱 좋게 꾸며놓은 서재에서 일도 하고 집필도 한다. 비즈니스 데이인 이틀은 새벽부터 하루 종일 미팅하고, 강의하고, 코칭하고, 일만 한다. 이렇게 살다 보니 일할 시간엔 일만 하고 집필할 땐 집필한다. 쓸데없는 일로 에너지가 방출되지 않으니 생산성이 매우 높다.

프리랜서 또는 사업자

개인으로 일할지 사업자로 일할지조차도 당신이 결정해야 한다. 인포프래너로서 살아갈 당신에게 가장 우선되는 가치는 무엇인가? 사업체를 열어 사업의 비중을 생활인으로서의 비중보다 확대할 것인가? 아니면 그 반대인가? 나는 사업자로 등록해 일해왔지만 지금은 프리랜서, 즉 개인으로 일한다. 5촌 2도의 생활을 하면서부터 내게 가장 중요한 가치는 그간 못 다 한 가족으로서의 역할이다. 당신 역시 당신이 원하는 삶의 패턴이 있을 것이다. 그것은 스스로 결정해야 한다.

인포프래너는 누구의 간섭도 받지 않고 눈치도 보지 않으며, 죽는 날까지 좋아하는 일을 하면서, 그 일로 돈도 벌고, 좋은 사람도 만나고, 사회에 기여도 하는 그런 삶을 사는 크리에이터다. 인포프래너에게 가장 중요한 것은 '시간을 어떻게 쓰는가'이다.

어떤 일이든, 그 규모에 상관없이 업무를 들여다보면 무작정 정해진 시간에 정해진 일만 하는 경우란 많지 않다. 오히려 정해진 일을 하기 위해 준비하는 데 들이는 시간이 더 많다. 나무꾼이 나무를 할 때 나무를 패는 시간보다 도끼의 날을 가는 시간이 더 긴 것처럼 말이다. 나는 다음과 같이 일하는 시간을 배분해 활용한다.

1. 실제로 일하는 시간(일, 일을 위한 섭외 등)
2. 일을 준비하는 시간(인프라와 시스템을 만드는데 필요한 시간)
3. 브랜드 구축을 위한 시간

어떤 경우에도 지켜내야 할 인포프래너의 보루 '자유'

스티브 잡스가 부인 로렌 파월을 만나기 시작하던 무렵의 에피소드다. 거래처에 가기 위해 자동차에 오른 잡스는 불현듯 이런 생각이 들었다고 한다. '내일 죽는다면 지금 뭘 하지?' 그길로 그는 로렌 파월 만나 데이트를 했고, 머잖아 청혼까지 했다.

2012년 1월, 나는 사업자로서 휴업 중이었다. 내 아이가 고등학교 2학년으로 예비 수험생이기 때문이었다. 싫든 좋든 이 나라가 만든 입시제도의 틀 안에서 그 피 끓는 청춘을 삭혀야 하는, 엄마가 보기에 참으로 애틋한 시기를 지나는 아들아이를 응원하고 싶었다. 이보다 한참 전의 어느 날 어떤 생각 하나가 벼락처럼 나를 두들겼다. 수험을 앞둔 아이에게 분주하고 바쁜 엄마가 아니라, 지쳐 집에 돌아왔을 때 편하고 넉넉한 표정으로 맞아줄 그런 엄마이고 싶다는 생각이 든 것이다. 나는 그 즉시 결심했다. 난생처음 내 꿈을 유보하기로 말이다. 아이를 위해 딱 3년만 그러는 것이라고 위안하며 안식년을 선포했었다.

우선 사업자등록증을 없앴다. 휴업이 아니라 아예 폐업신고를 했다. 기업 고객과 일하는 데 있어 사업자등록증이 없다는 건 매우 불리한 조건이 된다. 그러니 자연 기업고객의 일을 할 수 없게 되었다. '꼭 내가 필요하다면 개인과 일해라'하는 오기도 한몫하긴 했다. 사업자등록증이 없으니 결제를 신용카드로 받을 수 없고, 현금영수증 발행도 안 되어 고객들이 크게 불편해했다. 기업들이야 인건비 계정으로 해결하면 되지만 개인고객은 불편함을 감내할 이유가 없다. 그러자 일은 자연스럽게 줄어들었다.

이러한 와중에도 꽤 솔깃한 프로젝트를 두어 번 제안 받았다. 성사만 되면 상당한 대가가 돌아올 달콤한 유혹이었다. 한참 고민한 끝에 나 자신에게 물어보았다.

"이제라도 일을 본격적으로 다시 할래? 아니면 아이와 잠시라도 함께할래?"

결론은 뻔했다. 일보다 아이를 선택했다. 그랬더니 놀라운 일이 벌어졌다. 한시적이나마 일을 접기 전까지는 모르고 살던 편안함이 나를 더욱 깊이 있게 만들어주었다.

만일 인포프래너가 아니라 직장에 다니고 있었다면, 또는 소규모로 사업을 하고 있었다면, 이렇게 홀연히 모든 것을 잠시 중단하기가 쉽지 않았을 것이다. 이 일을 통해 더 가치 있는 삶에 집중하는 것이 인포프래너로서의 삶이 지향하는 궁극의 가치라는 것도 이번 기회에 깨달았던 것이다.

진짜 맛있는 과일처럼
인포프래너는 후숙한다

드라마 작가를 꿈꾸던 먼 친척이 고생 끝에 최종적으로 안착한 곳은 방송국 행정파트의 계약직이다. 방송국 언저리에만 있어도 드라마 작가가 될 확률이 높지 않을까 해서 그곳에 입성했다고 한다.

나는 생각이 다르다. 드라마 작가는 드라마를 쓰는 사람이다. 드라마를 방송하는 방송국에 취직했다고 저절로 드라마 작가가 되는 것은 아니다. 물론 그 언저리에서 오가다 보면 다른 이들보다 기회가 빨리 닿을 수도 있다. 하지만 드라마 작가는 '드라마 작가가 되는 기회를 찾는' 데서가 아니라 '드라마를 써야만' 가능하다.

처음부터 자신감 넘치는 사람은 없다

박 선생님은 교직에서 높은 지위에 이르도록 열정을 불사른 분이다. 정년퇴임을 3년 앞두고 박 선생님의 평생현역을 위한 책쓰기에서 인포프래너 설계까지 코칭하는 과정에서 아주 크게 다툰 적이 있다. 적잖은 코칭료를 지불해놓고 다른 일에 더 바쁜 것을 눈치 챘기 때문이다.

이유를 물으니 한 기관에서 마련한 무슨 과정을 듣기 시작했다는 것이었다. 나도 익히 알고 있는 그 상품은 과정을 이수하면 자동으로 자격증을 받게 되며, 그렇게만 되면 노후에 문제없이 살 수 있다고 곳곳에 광고하던 곳이다.

박 선생님은 또한 회사에서 마련해준 고만고만한 은퇴자 프로그램도 모두 수강하고 있었다. 한마디로 내 눈에 박 선생님은 '스펙'을 쌓기 위해 학원가를 불철주야 드나드는 취업준비생 같았다.

나는 엄포를 놓았다. 내 코칭 과정을 포기하든지 다른 모든 것을 포기하라고. 사실 나야 돈을 받은 이상 고객이 게으르든 말든 과정의 진도를 나가기만 하면 되는 것이지만, 이것저것 되는대로 다 집적거려 보는 식으로는 그가 원하는 결과를 얻을 수 없다는 것을 알기에 고객과 그런 갈등도 불사했던 것이다.

몇 차례 언짢은 메일이 오갔지만, 박 선생님은 나의 충정을 이해했고, 코칭프로그램을 충실하게 마쳤다.

이 사례를 들려주는 이유는 박 선생님을 통해, 목표한 행동으로 나아가지 못하고 준비를 거듭하게 되는 심리를 이해했기 때문이다. 당신도 박 선생님처럼 준비에 준비만 하고 있는 건 아닌가? 그렇다면 단숨에 인포프래너가 되는 3가지 단계를 알려주겠다.

1. 일단 시작한다.

2. 계속한다.

3. 잘될 때까지 한다.

물론 인포프래너도 사업인 이상, 자신감으로 충만해 시작한다면 매우 좋을 것이다. 그런데 그 자신감은 어디서 나올까? 자신감은 기성품이 아니다. 자신감은 오직 경험에서만 나온다. 자신감이란 게 무슨 일이든 경험을 반복함으로써 얻어지는 것이기 때문이다. 그래서 '자신감 = 경험'이라고도 하지 않는가? 스크린에서 늘 자신만만해 보이는 배우 송강호 씨의 속내를 들어보자.

"두려움을 잘 극복하는 것뿐이다. 두려움은 한 번에 사라지지 않는다. 결국 배우에게 가장 중요한 덕목이 자신감인데 술 한잔 먹는다고 없던 자신감이 생기진 않는다. 촬영 전까지 끊임없이 자신감을 차곡차곡 쌓아간다. 감독을 만나 의논하고 연구하면 0.1 밀리미터의 자신감이 생기고, 또 그런 식으로 자꾸 쌓아나간다."

결국 자신감을 갖춘 채로 무슨 일인가를 시작한다는 것은 있을 수 없는 일이다. 한 분야의 전문가로 살아온 당신 자신을 믿고 일단 시작하라. 그러면 자신감이 따라붙을 것이다.

적절한 보수를 제시하고 돈을 받고 일하라. 그 돈에 대한 책임을 지려는 자세로 임할 때, 또 어떤 위험도 감수하고 비난마저 감수하겠다는 자세가 되어 있을 때 자신감이 와락 달려들 것이다. 고객과의 관계 속에서 부딪치며 느끼고 개선하며 진화하게 된다.

가끔은 우연에 몸을 맡겨라

'인포프래너가 되신 계기가 뭔가요?'

강연장에서 접하는 질문 가운데 나를 곤혹스럽게 하는 질문이다. 말 못할 비밀스러운 이유가 있어서 그런 게 아니라 앞서 언급한대로 어느 날 우연히 저절로 이렇게 살고 있기 때문이다. 인포프래너 비즈니스를 본격적으로 하게 된 계기를 굳이 찾는다면 저자가 되면서부터다.

출판기획자로 일을 하던 중, 출판사의 의뢰로 새 책을 기획했는데, 출판사에서 저자를 찾는 척하더니 느닷없이 나에게 직접 책을 쓰라고 했다. 아무래도 기획자의 경험에서 나온 기획이니 내가 가장 적임자라는 것이었다. 게다가 기획아이템이 내가 해온 일이고 현재 하고 있는 일들을 통틀어 나랑 꼭 맞아떨어진다나? 기획을 성공시키기 위해 책을 썼고, 그 일을 마치고 나니 강연과 세미나 요청이 쏟아졌다.

첫 책을 계기로 출판사들이 두 번째, 세 번째 책을 써달라고 주문했고, 그 요청들을 수행하고 나니 어느새 고수가 되어 있었다. 그러는 사이사이 책을 쓰겠다는 이들의 요청을 받아들여 코칭 프로그램을 운영하면서 전적으로 우연히 나의 능력과 전문성을 정보로 만들어 파는 정보사업가가 되었다. 상황이 이러하니 내가 무슨 답변을 할 수 있겠는가? 우연을 기대하라고 할 수는 없으니 말이다.

스피치 분야의 명강사로 소문난 인포프래너 김미경 씨의 경우도 처음부터 지금의 모습을 목표로 정해놓고 시작한 게 아니었다. 피아노학원을 운영하던 김미경 씨는 남들 앞에서 말을 잘한다는 장점 하나 믿고 이 분야에 뛰어들었다. 관련 과정을 수료한 것도 아니고 학교를 다시 다닌 것도 아니었다. 그저 독학했다고 한다. 그렇게 시작한 첫 강의에서 받은 수강료는 10만 원이었다. 하지만 강사 경력 20년차에 달하던 2011년에는 수강료가 이미 50배 가량 뛰었다고 했다.

여행 칼럼을 주로 쓰는 인포프래너 이태훈 씨도 무계획의 계획이 낳은 스타다. 그가 쓴 책에 나온 프로필을 보며 그의 삶을 재구성하면 이러하다.

첫째, 배낭여행 1세대. 스포츠서울 기자로 있는 동안 연봉의 3분의 1을 여행에 투자하며 세계를 누볐고, 잘 다니던 신문사도 그만두고 본격적으로 여행을 본업으로 삼아 누빈다.

둘째, 세계 80개국 500개 도시를 여행하는 데 강남 아파트 몇 채 값을 들여 꼬박 20년이 걸렸지만 여전히 배고픈 여행자다.

셋째, 칼럼니스트로 불리고 싶은 듯하지만 좀 더 쉽게 표현하면 여행작가다. 관련 책을 여러 권 출간해 분야의 고수로 정착했으며 CJ오쇼핑 여행 패널, 칼럼 기고 등 다양한 루트로 막대한 수입을 창출하고 있다.

그가 라디오의 한 프로그램에 나와 20대들의 최고 로망인 여행작가 되는 법에 대해 매우 간단하게 정리해주는 것을 들었다.

1. 죽기 살기로 여행 다녀라.

2. 블로그에 여행기를 써라.

3. 출판하라.

이것이 계획의 전부라니 놀랍지 않은가?

대개는 '탄탄한 준비와 계획으로 시작하라!'고 하지만, 살펴본 것처럼 일단 하고 싶은 마음에 기대어 우선 시작하고 보는 것도 나쁘지 않다. 아니, 세상이 경황없이 바뀌는 요즘엔 시작하고 보는 게 최고의 준비일는지도 모른다.

세상에 둘도 없는
'고객문제해결사' 되는 비결

　세계적으로 유명한 여행가이드 정보책자를 발간하는 론리플래닛의 창업자 휠러 부부. 1972년 초, 20대 초반의 이들이 영국 런던에서 출발해 30주에 걸친 유라시아대륙을 횡단한 첫 여행을 마칠 때까지 이들에게는 아무런 계획이 없었다. 하지만 어디를 가든 이들의 대장정은 모인 사람들의 관심을 받았고, 많은 이들이 여행에 대해 묻고 또 물었다고 한다.

　"어떻게 여행했습니까?"

　"비용은 얼마나 들었는지요?"

　"인도열차는 정말로 그렇게 열악한가요?"

　부부는 아마도 신이 나서 여행경험을 들려주었을 것이다. 하도 여러 번 메모를 해서 설명하다 보니 나중에는 아예 사람들이 자주 하는 질문과 답변 목록을 작성할 수 있었다고 한다. 그러다가 답변

메모를 한 손으로 쥐지도 못할 정도에 이르자, '이런 정보를 그냥 나눠주고 말게 아니라 팔아보면 어떨까?' 하는 생각이 들기 시작했을 것이다. 결국 '출판사도 필요없다. 우리끼리 해보자'며 일을 감행했다.

수없이 '임상훈련'을 거쳐라

이들 부부뿐 아니라 인포프래너로 자립한 이들은 대개 사업을 차려놓고 서비스를 개시한 것이 아니라 이래저래 고객의 문제를 해결하는 서비스를 무료로 하다가 사업까지 이른 경우가 많다. 거의 빈손으로, 꼼꼼한 사업계획이 없어도 인포프래너의 길을 떠날 수 있다. 궁극적으로 갖춰야 할 단 하나, 절대 빠뜨려선 안 되는 것이 있는데 이것이 바로 고객의 문제를 해결해주는 자신만의 특화된 능력이다.

당신은 고객의 어떤 문제를 해결해줄 수 있는가? 당신의 고객이 당신에게 해결해달라고 청하는 문제들은 어떤 것인가? 이 질문에 대한 답을 단숨에 말할 수 있다면, 당신은 지금 당장 인포프래너로 출발해도 된다. 그런데 경험을 통해 솔루션을 만들던 단계와 가치를 교환하며 서비스를 제공하는 차원의 솔루션은 동일한 것이 아니다. 인포프래너로 출발할 당시의 솔루션은 고객경험이라는 요소가 빠져 있기 때문이다. 인포프래너가 상품으로 제시한 솔루션이 과연 고객의 문제를 해결해주는가는 실제 고객을 대상으로 그 솔루션을 적용해보고, 고객이 원하는 결과를 창출했을 때 비로소 증명된다. 그런 경험이 많으면 많을수록 고객 만족도가 올라가고 입소문도 기대할 수 있다.

유능한 인포프래너는 비즈니스이면서 동시에 솔루션의 고객 적용이라는 경험을 수없이 해야 만들어진다. 실제 상황에서 서비스 수행을 거쳐야만 효과를 장담할 만한 솔루션이 되는 것이다. 이러한 예행연습을 의학 분야에서는 '임상훈련'이라고 한다.

법조계에서 '리걸클리닉'이란 이름으로 예비 법조인들을 훈련시키는 실습프로그램이 있다. 영화 〈킹스 스피치〉에서 라이오넬 로그라는 언어치료사가 누구든 낫게 할 수 있다는 자신감을 가진 것도 풍부한 임상훈련 덕분이었다. 임상이라는 경험으로 다져진 자신감이 아니었다면 어찌 감히 박사학위도, 공인된 자격증도 없는 평민이 왕위계승 서열 2위의 공작을 치료할 수 있으며, 그가 왕이 된 뒤에도 계속 치료를 할 수 있었겠는가?

라이오넬 로그의 손자가 쓴 동명의 원작도서를 보면 정식으로 의학공부를 하지 않은 그가 어떻게 왕자의 언어장애를 치료해 대영제국의 왕 역할에 부족함이 없도록 했는가에 대한 이야기가 상세하게 소개되어 있다.

로그는 언어치료사가 되기 전 연극과 웅변을 했다고 한다. 그때 자연스럽게 목소리에 대한 관심과 지식을 갖게 되었다. 언어장애에 대해 그는 그때까지 팽배하던 심리적 요인이 절대적이라는 관점을 확장해 목소리와 관련된 신체적인 결함이 있을 경우에도 발생할 수 있으며, 이 결함을 해결할 때 언어장애가 해소될 수 있다는 소신을 갖게 되었다.

이러한 소신과 지식으로 그가 처음 치료한 이는 이웃에 사는 참전 병사였다. 첫 임상은 그에게도 치료를 받은 병사에게도 매우 흡족한 결과를 낳았고, 이후 그는 다섯 명의 제대군인에게 자신만의 방법을 되풀이해 성공을 거뒀다고 한다. 그는 이 방법을 '환자에게 결과에 대한 확신을 갖도록 격려하면서 목소리를 내게 하는 끈기 있는 개인교수법'이라고 정의했고, 결국 이 방법은 조지 6세에게도 통했다.

인포프래너는 비즈니스다

인포프래너로서 고객의 문제를 해결해줄 능력을 단련하는 '임상과정'은 대개 다음 그림과 같은 단계를 밟는다. 앞서 숱한 고객과의 경험을 토대로 만들어진 당신의 솔루션은 새로운 고객들을 대상으로 수없이 많은 임상을 거침으로써 수정 보완되고, 그 솔루션은 또 다른 고객을 대상으로 임상과정을 거쳐 완성도를 높여간다. 이렇게 끝없이 훈련을 하는 사이 경험이 쌓이고, 통찰이 쌓이고, 이야기가 쌓이고, 노하우와 기술이 숙련된다. 이러한 과정은 결국 자신감으로 표출되고 자신감은 고개만족을 낳는 선순환에

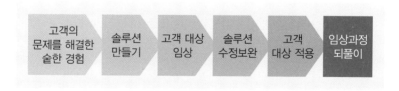

들어서게 된다.

내가 아는 한 외과전문의는 대학병원에서 레지던트를 하던 시절, 교수진과 선배들로부터 왕따를 당해 응급실 근무를 도맡아 했다. 하루 2시간 자고 남은 시간은 응급실에서 살 수밖에 없는 상황이었는데, 당시에는 말할 수 없이 고통스러웠지만 병원을 열고나니 그 짧은 시간에 집중적으로 수행했던 다양한 경험들이 환자를 보는 데 결정적인 도움이 되었다고 한다. 다양하기 짝이 없는 환자, 증상, 보호자 등 그야말로 별의별 상황을 수없이 자주 겪고 나니 자신도 모르게 노련한 의사가 되었고, 유능한 외과전문의가 될 수 있었다는 것이다. 나 역시 비슷한 경험이 있다.

초기 인포프래너 시절, 그러니까 임상훈련의 단계에선 고객에게 서비스되는 솔루션의 전 과정을 꼼꼼하게 실습해야 한다. 그 과정을 수없이 되풀이해야 한다. 단순한 되풀이가 아니라 매번의 과정에서 많은 것을 배우고, 알아내고, 깨닫고 해야 하는 것이다. 진심으로 마음을 쏟아 과정에 임하면 의도하지 않아도 그렇게 된다.

임상을 하다 보면 고객 반응의 실체를 알아볼 수 있는 혜안이 생긴다. 고객이 말하지 않아도 그 생각을 읽을 수도 있게 된다. 수많은 사례들을 경험하며 고객을 상대하는 일의 즐거움과 보람, 어려움을 알게 되고 해보지 않았더라면 절대 알 수 없었을 다양한 사례를 접함으로써 문제해결 훈련을 덤으로 하면서 노하우를 체득한다. 이렇게 노련해지면 있을 수 있는 어떤 실수나 잘못과 맞닥뜨려도 담대하게 해결할 수 있게 된다. 막연하던 직업윤리에 대한 인식도 새롭게 다지고 문제를 발견해 해결하는 수완도 늘어난다. 고객을 대하는 노하우도 나날이 늘어 비즈니스를 본격화하는 데 큰 도움을 받을 것이다. 무엇이든 잘하려면, 자꾸 많이 해보는 것 말고 어떤 방법이 있겠는가?

매사 당당한 편인 나도 인포프래너로 코칭 비즈니스를 시작하면서는 적잖이 긴장했다. 지금이야 사례가 쌓이고 코칭의 경험이 쌓는 만큼 비례해 자신감이 쌓여서 당당해지는 선순환에 돌입했지만 초기엔 그렇지 못했다. 유명인사나 오래 알고 지내던 이들의 코칭 요청을 거절하기 일쑤였다. 결과가 좋지 않으면 어쩌나 하는 걱정에 불안에 사로잡혔기 때문이다. 또 그로 인해 비난을 받으면 어쩌나 하는 두려움까지 겹쳐 힘든 적도 많았다. 하지만 지금은 다르다. 누가 의뢰를 해와도 담담하게 임한다. 더러 약간의 두려움이 생길라치면 그 싹을 바로 잘라버리려는 듯 이렇게 말한다.

"겁먹지 마! 별것 아냐."

내 작업실 벽에 붙어 있는 글귀이기도 하다. 무슨 일이든 저 두 문장을 떠올리면 금세 기세등등해진다. 무슨 문제든 해법이 있고 해법대로 해결하면 될 테니 말이다.

그렇다. 겁먹지 말자. 두려워 말자. 인포프래너라고 별것 아니다. 지금껏 삶과 직업현장에서 산전수전 공중전에 디지털전까지, 얼마나 단련되었는가? 그것이면 충분하다. 이제 당신이 걱정해야 할 일은 딱 하나, '너무 잘되면 어떻게 하지?' 뿐이다. 그러면 자유가 속박당할 수도 있기 때문이다.

인포프래너를 준비하며 또 인포프래너로 살아가면서 별의별 일들을 접하게 될 것이다. 물론 그 일들 가운데는 생각지 못한 기회도 행운의 반전도 있을 것이며, 어디다 하소연하지도 못할 억울한 일들도 많을 것이다. 하지만 이런 것쯤은 각오해두었을 것이다. 인포프래너를 프로페셔널이니까.

영화 〈대부〉에서 아버지 총격사건이 일어난 직후, 장남 소니 코를레오네는 이 사건을 개인적인 일로 축소하려는 변호사 톰 하겐에게 이렇게 말한다.

"Not personal. It's strictly business."

사적인 일이 아니라 비즈니스라는 이야기다. 인포프래너가 되기 전후 이 말을 주문처럼 되뇌어보자. 긴장이 사라지고 그 자리에 자신감이 들어앉게 된다.

Information mation
Entre Preneur

Audience

자신을 인포프래너로 포지셔닝하고 이제 본격적으로 활동에 입문할 순간이다.
이때 누구나 할 것 없이 가장 난감해하는 것이 '고객을 어떻게 확보하고
어떻게 설득하는가'로 요약되는 고객 문제를 대면하는 일이다.
아마추어와 프로페셔널의 경계가 바로 고객의 여부다.
지금껏 판매일선에서 일해본 적이 없다면, 거대한 조직의 한 파트에서
전문성을 운운하며 잔뼈가 굵어왔다면, 인포프래너 비즈니스의 핵심,
즉 고객들에 내 정보상품을 팔아야 한다는 사실이 더없이 두려울 것이다.
하지만 이 또한 문제없다.
고객은 이미 내 주위에 있어 왔기 때문이다.

PART 05

인포프래너
고객전략

고객을
어디서 어떻게 찾을까

아무리 좋은 상품이 있어도 그것을 사 줄 고객이 없다면 비즈니스는 성립되지 않는다. '평생현역이 되겠다'는 기염을 토하며 인포프래너로 새 출발을 하더라도 고객이 당신의 정보상품을 사 주지 않는다면 당신의 야심찬 계획도 부도가 나고 수입원이 없는 평생 백수로 전락하기 십상이다. 그러므로 인포프래너의 시작은 아이템부터 선정하고 보는 게 아니라, 아이템 선정을 위해 누가 내게 돈을 내고 내 재능, 즉 정보상품을 사겠는가를 탐색할 필요가 있다.

인포프래너의 시작과 끝, 고객의 창조

돈이라는 자본 없이 시작하는 인포프래너 비즈니스에 있어 가장 먼저 챙겨야 할 자본이 고객이다.

인포프래너로 출발하려는 당신이 가장 심혈을 기울여야 할 비

즈니스 전략으로, 일본어로 표현하면 '고토즈쿠리(事作り)'다. 그동안 일본의 산업계를 지배한 정서는 '모노즈쿠리(物作り)'였는데, 최근 이 흐름이 '고토즈쿠리'로 바뀌었다고 한다. 모노즈쿠리가 고도의 장인정신을 기반으로 최고의 제품을 만드는 전략이라면, 고토즈쿠리는 고객 중심의 제품전략이라고 한다.

당신 또한 고토즈쿠리 전략으로 어필하려면 당신의 인포프래너 비즈니스에 합당한 고객을 먼저 찾고, 그들이 어떤 욕구와 필요에서 무엇을 원하는지를 알아내서 그에 맞는 정보상품을 개발하고 공유하는 일에 열정의 대부분을 받쳐야 한다. 고객을 찾고 그들의 숨겨진 욕구를 발견할 수 있다면, 그리해서 그들이 여태 해결하지 못하고 끙끙대는 문제에 대해 당신만의 해법을 제시할 수 있다면, 당신의 성공 확률은 100% 보장이다. 이렇게만 된다면 당신의 정보상품은 마케팅을 하지 않아도 저절로 팔려나간다. 고객이 물어물어 찾아내고 알아내 당신에게 다가올 테니 말이다.

실패한 비즈니스의 대부분처럼 실패하는 인포프래너들 또한 고객에게는 뒷전이다. 그들에겐 사고 싶은 상품, 아이디어, 기술만이 중요하다. 그런데 제품을 일단 만들어놓고 고객에게 사도록 종용하니 마케팅비만 들고 비즈니스엔 실패하는 것이다. 인포프래너가 되는 꿈을 꾸는 순간부터 당신이 해야 할 또 하나의 중요한 일은 고객이라는 마인드를 다지는 것이다. 인포프래너 비즈니스도 사업인 이상 존재 이유는 오로지 고객만족에 있으며, 고객 없이는 인포프래너인 당신도 존재할 수 없다는 것을 기억하라.

고객에서 출발하기

비즈니스에서 가장 각광받는 부서는 판매를 하는 곳이다. 아무리 잘 만들어도, 아무리 잘 마케팅해도 팔지 못하면 도루묵이니까. 판매부서의 고수들은 절대 연고판매를 하지 않는다. 지연·학연·혈연 같은 연줄을 이용하는 것이 연고판매인데, 거절할 수 없는 입장을 노려 성과를 내기에 급급한 이 방식은 고수들이 가장 싫어하는 방법이다.

책쓰기 코칭을 할 때 "누가 당신의 책을 사 줄까요?"라고 묻는 질문에 거의 대부분의 사람들이 주위 사람들을 꼽는다. 말하자면 연고판매를 하겠다는 것이다. 그러면 나는 누가 그들에게 부탁을 많이 하는지, 그런 부탁을 하는 사람이 많은지, 그 부탁을 들어주면 상대가 만족하는지를 되묻는다. 다른 사람들에게 비친 그의 역량이 짐작 가능하고 그들이 무슨 이유로 왜 부탁을 하는지 짚이기 때문이다. 거기에 고객을 탐색하는 힌트가 숨어 있다. 같은 질문을 당신에게도 묻겠다.

- 일과 관련해서 누가 당신에게 부탁을 하나요?
- 그런 부탁을 하는 이들이 주위에 많은가요?
- 부탁을 받으면 당신은 우쭐해져서 부탁을 들어주나요?
- 문제를 해결한 이들에게 소문을 들은 다른 이들이 또 당신에게 부탁을 해오나요?

이 질문에 모두 "예"라고 답했다면 당신의 고객은 이미 당신 주위에 널려 있다고 보면 된다.

'경영의 아버지'라 불리는 피터 드러커는 기업의 목적을 고객의 창조라고 했다. 이를 이해 기업은 마케팅과 이노베이션이라는 두 가지의 기본적 기능을 가지게 된다는 것이다. 자, 이제 답해보라. 당신의 고객은 누구인가?

"13억 인구 가운데 지극히 보수적으로 잡아 단 1%에게만 팔아도 그게 어디야? 아니 0.5%라도 어딘데…."

우리나라 기업들이 중국에 진출하던 초기에 너나할 것 없이 이런 식으로 고객의 수를 추정했다. 물론 이런 계산을 믿고 중국에 진출했던 기업들은 거의 참패했다. 얼핏 생각하면 잠재고객이 많으면 많을수록 내 정보상품을 팔기에 수월해 보인다. 하지만 당신의 정보상품을 팔아줄 고객을 상정할 때는 이와 반대의 계산식을 적용해보라. 당신의 고객으로 단 한 사람만이 존재한다고 설정해 그 한 사람에게 당신의 정보상품을 팔기 위해 애를 쓰는 것이다. 그러면 맨 먼저 무슨 일부터 해야 할까? 그 사람이 과연 내 상품을 사 줄까? 왜? 어째서? 그 사람에게 내 상품을 어필하려면 어떤 방법이 좋을까? 그는 꼼꼼하게 살피는 스타일인가, 혹은 기분이 좋으면 사는 충동적 스타일인가? 그는 내 상품을 살 만큼 경제력이 충분한가? 이런 생각을 골똘하게 하게 될 것이다.

이렇게 철두철미하게 고객 단 한 사람을 연구해 그에게 당신의 정보상품을 팔 수 있다면, 그와 비슷한 또 다른 사람에게도 연쇄적으로 팔 수 있다. 마치 송곳으로 일점 구멍을 뚫어 그 구멍을 넓혀 가듯 그렇게 판매를 계속할 수 있다는 뜻이다. 절대로 한 번에 대량판매를 하겠다는 야무진 꿈은 꾸지 말라. 한 사람도 100가지 생각을 하는 때인데, 100사람의 100가지 생각을 어떻게 다 들어주겠는가?

내 고객은 누구일까?

내 정보상품을 팔아줄 고객이 어디에 포진해 있는지 알아서 처음부터 명확하게 조준할 수 있다면 인포프래너로서의 길이 보다 수월할 것이다. 그렇지 않더라도 걱정할 것은 없다. 무슨 일이든 하다 보면 길은 보이기 마련이다. 그렇다고는 해도 이것 하나는 정해놓고 시작하기 바란다. 내 고객은 누구일까? 대략적으로라도 고객을 한정하는 것이다. 그리고 고객군에게 이름을 붙여보라.

가령 안경테 브랜드 룩옵티컬은 다른 브랜드들이 그러하듯 '시력이 나쁜 소비자'를 타깃 고객으로 삼지 않았다. 대신 시력이 나쁘지 않은 사람을 타깃 고객으로 삼고 '시력과 상관없이 안경으로 자신을 표현하고 새로운 얼굴에 대한 설렘을 경험하고 싶은 사람'이라는 이름을 달아주었다. 이렇게 정의하고 마케팅을 하자 시력이 나쁘지 않은데도 안경으로 자신을 표현하고 싶어 하는 이들이 룩옵티컬 매장을 찾게 되어 매장이 부산해졌다.

책쓰기 코칭 과정에서 만난 양희경 님은 재테크 컨설턴트다. 양희경 님이 타깃으로 삼은 독자고객은 '마트에서 가격을 비교하느라 시간 아까운 줄은 모르면서도 정작 재테크에서는 알게 모르게 손해를 많이 보는 주부'들이다. 이 주부들에게 재테크의 다이어트 노하우를 들려주겠다는 것이 양희경 님이 쓰겠다는 책의 취지다. 나는 '마트에서 가격을 비교하느라 시간 아까운 줄은 모르면서도 정작 재테크에서는 알게 모르게 손해를 많이 보는 주부'에게 '재테크 헛똑똑이족'이라는 이름을 붙여주었다. 단순히 표현이 간단명료해진 것 외에도 '헛똑똑이'라는 말이 의미하는 것들이 다양하게 연상되면서 내용을 기획하기에 편해졌다고 양희경 님에게 인사를 들었다.

내 인포프래너 아이템은 이름 석 자만으로 브랜드가 되는, 이름 석 자만으로 평생현역이 되는 길을 안내하는 한편, 그 원천능력을 길러주는 노하우를 전수하는 것이다. 그래서 어느 조직인가에 고용되어 일하든 조직을 떠났든 상관없이, 삶을 자신 위주로 재편하고 싶은 이들이 나의 고객이다. 이러한 고객에게 내가 붙여준 이름은 '리셋족'이다.

고객, 친구처럼 만나고
전문가로서 설득하라

서울 마포구에서 개인병원을 운영하다 성북구 뉴타운으로 병원을 옮긴 한 의사에게 환자들이 병원을 분양받았는지, 임대인지 물었다. 환자들이 궁금해하는 이유를 되물었더니 임대라면 돈 벌어 떠날 것이니, 병원을 계속 다녀야 할지 결정하려 한다는 것이었다.

신문에서 이 사례를 접하고 고개를 설레설레 저었다. 고객이 이제는 얼마나 똑똑한지…. 스마트기기로 무장해서 정보란 정보는 쭉 꿰고 있고, 사용 후기를 꼼꼼히 훑어 다른 고객들의 반응을 일일이 꿰뚫고 있는 이런 스마트한 독자에게는 '꼼수'가 통하지 않을 것이다.

그러면 어떻게 해야 할까. 명함 하나 달랑 챙겨 창업한 우리 인포프래너들은 그저 손 놓고 고객이 찾아주길 기다려야 할까? 고객이 찾아주면 그것만으로 감지덕지해 머리를 발끝까지 조아릴 그런 준비를 마치고 기다리고 있어야 할까?

고객의 마음 깊은 곳에 숨은 감동의 현이 울게 하라

"어떻게 사랑이 변하니?"

한때 유행했던 영화 대사를, 나는 '인포프래너는 고객에게 어떻게 해야 하지?'라는 물음을 떠올릴 때마다 패러디한다.

"어떻게 고객이 안 변하니?"

변하니까 사람이고, 고객이다. 고객의 특권은 변덕이다. 그렇다면 기업과 팬매자에게 요구되는 대 고객 자세란 그러한 변덕을 미리 알아차리고 맞춰가는 것이다. 기업(판매자)에게 일방적으로 쏠려 있던 정보가 한순간 고객에게로 쏠리면서 기업(판매자)이 일방적으로 몰아붙이던 광고 위주의 마케팅은 힘쓸 수 없게 되었다. 이제는 고객의 반응을 알아차리고 그때그때 맞춰서 소통해야 한다. 이런 때일수록 판매자와 구매자라는 도식적인 관계를 벗어나 고객의 편이 되어 고객 마음의 현을 울리게 하는 '친구마케팅'이 힘을 발휘한다. 바로 이 대목, 즉 친구가 되어야만 고객의 지갑이 열린다는 지점이 인포프래너가 위치할 곳이다.

영화 〈대부〉의 주인공 돈 비토 코를레오네는 도움이 필요해 찾아오는 사람은 누구든 어떤 도움이든 베푼다. 도움이 필요한 사람이 치러야 할 대가는 딱 하나다. 비토 코를레오네에게 친구로서의 우정을 맹세하는 것이다. 한 분야의 대부나 다름없는 인포프래너도 고객에게 맹세해야 한다. 친구로서 존재하겠다고 말이다. 시간에 쫓기며 가게에서 이미 만들어진 것을 사는 데 익숙해진 고객들에게 서로 길들여지는 친구가 되어주는 것이다. 고객의 눈높이로 생각하고 고객의 언어로 말하고 고객의 이익을 위해 일하는 친구. 고객에게 이런 친구가 되어주는 일은 아무리 고객 감동을 소리 높이 외쳐도 기업형 비즈니스로는 불가능하다. 인포프래너에게만이 가능한 일이다.

오래 살다보면 친구도 참 다양해진다. 인포프래너라는 친구는 심심할 때 만나 밥 먹고 차 마시는 단순한 친구는 아닐 것이다. 해당 분야에 대한 집사 같은, 에이전트와도 같은 친구가 바로 인포프래너 친구다. 무엇보다 신뢰가 중요한 관계인 것이다.

책쓰기 코칭을 받는 고객 차인기 님은 나에게 '뚫어뻥'이라는 애칭을 선물했다. 막힌 하수구를 손쉽게 뚫어주는 기능을 하는 도구다. 그의 말에 따르면 나는 책쓰기를 유도하는 것뿐만 아니라 주제 설정의 단계에서, 또 내용 전개의 단계와 실질적인 집필 단계에서 진도를 가로막고 있는 것들을 포착하는 데 고수라고 한다.

"자칭 코치라고 해서 끊임없이 질문만 하는 사람은 많지만, 선생님처럼 막힌 곳을 뚫어주는 뚫어뻥 코치는 없었어요."

몸 둘 바를 모르겠는 칭찬 끝에 그가 내게 물었다.

"어떻게 하면 그렇게 됩니까? 어떻게 하기에 고객보다 고객을 더 잘 아는 코치가 될 수 있습니까?"

나는 그 질문이 참으로 반가웠다.

"나는 차인기 님을 차인기 님보다 더 좋아한다. 그래서 차인기 님이 그 분야의 최고가 되는 것을 꼭 보고 싶었기 때문이에요."

고객에게 인포프래너는 단골가게와 같아야 한다. 우리 집 앞의 작은 마트는 우리 아이가 좋아하는 라면이 무엇인지 알고 있다. 내가 무슨 맥주를 마시는지도 알고 있다. 단골가게 주인처럼 인포프래너는 고객에게 강요하지 않아야 한다.

인포프래너는 고객에게 사랑을 빌미로 그의 발목을 붙잡는 미련한 짓은 하지 않는다. 누군가를 사랑한다면 그 사람을 자유롭게 놓아주어야 한다는 사랑의 룰을 잘 알고 있기 때문이다. 친구니까, 그가 떠나겠다고 하더라도 맘 편하게 보내준다. 그래야 돌아오고 싶을 때 언제든 돌아올 테니 말이다. 잠시 떠나는 것이 무슨 큰 아픔이겠는가? 친구라면 그는 돌아올 텐데. 돌아오지 않는다고 해도 상관없다. 그가 친구가 아니라는 사실이 밝혀질 뿐이다.

직언해서 고객의 편이 되어라

인포프래너는 고객의 눈치를 보지 않는다. 필요하다면 언제라도 "노"를 외친다. 친구니 가능하다. 친구가 잘못될 것 같은데 그냥 두고 보는 사람은 없다.

수영 국가대표 선수 박태환이 2012 런던올림픽에서 금메달을 따도록 돕기 위해 당시 영입된 마이클 볼 코치는 박태환에게 친구 같은 코치였다. 부임하기 무섭게 그는 "박태환이 자유형 1,500미터에 어울리지 않고, 1,500미터 훈련을 계속할 경우 최대 장점인 스피드가 죽을 수밖에 없다."고 폭탄 선언을 해 수영계를 발칵 뒤집었다.

박태환 선수는 200미터에서 1,500미터까지 아우르는 국가대표 선수로, 그에게 선택과 집중이 중요한 문제라고 말들은 많았지만 누구도 콕 집어 그런 주장을 하지는 않았다. 미운털이 박히긴 누구라도 싫은 법이니까. 하지만 볼 코치는 눈치를 보지 않았다.

"세계 어떤 선수도 200미터부터 1,500미터까지 하는 선수는 없다. 그것은 육상의 우사인 볼트가 100미터도 뛰고 마라톤도 뛰는 것과 같다. 박태환은 주 무기가 스피드다. 1,500미터에는 어울리지 않는다. 박태환이 이번에 잘하면 무슨 일도 일어날 수 있지만, 큰 기대는 안 한다."

이것이 볼 코치의 명분이자 주장이었다.

친구를 고객으로 둔 인포프래너도 볼 코치와 같아야 한다. 코치라는 이름으로 비즈니스를 하다보면 '노'를 말해야 할 때가 많다. 코치의 책무와 코칭 받는 사람의 선호 사이의 빈틈, 여기에 상당한 애환이 있다. 코칭을 받는 사람이 듣고 싶어 하는 말만 쏟아놓아 고객을 만족하게 하는 것이나, 그가 듣기 싫어하더라도 바른 말을 함으로써 그의 지갑을 닫히게 하는 것이나 모두 좋은 방법이 아니다. 이 둘을 적절히 섞으면서 나쁜 결과를 피해야 한다.

인포프래너로 살아온 16년을 돌이켜보면 이러한 선택을 강요당한 때가 생각보다 많다. 경험 끝에 내린 결론인즉, 이는 결코 설득력의 문제가 아니란 것이다. 내가 코칭비즈니스를 등한시한다는 볼멘소리를 듣는 이유도 바로 여기에 있다. 내가 고객을 위해

"노"라고 말하면서 고객의 비난을 무릅쓰는 것 역시 볼 코치 같은 코치가 되고 싶기 때문이다.

인포프래너로서 고객을 대하는 방법은 수천 가지가 있을 것이다. 인포프래너마다 자기만의 비법이 있다. 하지만 어떤 경우든, 고객을 대하는 방법의 핵심은 단 한 줄로 정리된다.

'고객, 친구처럼 만나고 전문가로 설득하라.'

유혹의
연금술 마케팅

유대교 랍비 힐렐과 쌍벽을 이룬 유명한 랍비 삼마이에게 한 이교도가 찾아왔다.

"할 수 있다면 나를 유대교로 개종시켜 봐. 단 내가 외발로 서 있을 동안 내게 토라(유대교에서 '율법')의 모든 것을 가르쳐야 해."

여기까지 읽고 나는 순간 책을 덮었다. 그리고 생각해보았다. 외발로 서 있을 동안, 그 짧은 시간에 토라에 대해 뭐라고 말할 수 있을까? 유대교 경전은 어떤 메시지를 담고 있을까? 유대교에 대해 아는 게 적은 나는 답을 떠올릴 수 없었다. 책을 계속 읽었다. 별 괴상한 질문을 접한 랍비는 각목으로 내리쳐 그를 내쫓아버렸다. 이교도는 다시 랍비 힐렐을 찾아가 같은 요구를 했다. 그러자 힐렐은 망설이지 않고 이렇게 말했다.

"당신이 싫어하는 일을 이웃에게도 행하지 말라. 이것이 유대율

법의 전부다. 나머지는 거기에 대한 설명이다."

감성의 눈으로 고객을 보라

인포프래너가 되겠다는 목표를 정하고 나서 가장 많은 시간을 투자하는 것은 미래고객의 관심을 끌기 위한 행위다. 이른바 마케팅이다. 광고를 집행하고 판촉전을 벌여야만 마케팅이 아니다. 독자를 위해 애쓰는 모든 것이 마케팅이다. 지금껏 해온 대부분의 마케팅은 고객에게 상품의 존재를 어필하는 것이다. 이렇게 좋은 상품이니 사 주어야 한다고 듣기 좋은 목소리로 강요하는 것이다. 이때 꼭 필요한 것이 다음과 같은 충고다.

"여자 친구의 사랑을 받으려면 그녀가 좋아하는 것을 하기보다 싫어하는 것을 하지 않아야 한다."

이 충고대로 고객이 싫어하는 것을 하지 않으려면 고객에 대해 알아야 한다. 그리고 궁극적으로는 고객의 관심을 끌어야 한다. 모든 것이 흔하고 고만고만한 세상에서 성공을 좌우하는 것은 타깃 고객의 관심을 얼마나 끌어오는가에 달려 있다. 그렇다면 고객의 관심을 끌어오기 위해 무엇부터 먼저 해야 할까?

그 답은 고객에게 관심을 갖는 일이다. 인포프래너가 가장 많은 시간을 투자하는 것은 자신에게 관심을 갖도록 고객을 유도하는 것이 아니라, 자신의 관심을 고객에게 모두 쏟아 붓는 일이다. 고객에게 먼저 관심 갖기, 먼저 손 내밀기, 친구처럼 고객 보살피기 같은, 인포프래너가 갖춰야 할 대 고객 마인드와 행위 등을 일러 나는 '그루밍(Grooming)하기'라 부른다. 그루밍이란 한마디로 '고객에게 구매동기를 부여하고 마음을 이끄는 일련의 노력'을 말한다.

가을과 겨울 사이는 너무도 짧아 까딱하면 월동준비의 시기를 놓쳐 춥게 지내기 일쑤다. 아이가 고등학교 다닐 때, 늦가을의 일이다. 갑자기 추워져서 아들아이의 침대에 전기매트를 깔았다. 아침을 먹으며 매트를 들고 오가는 나를 보고 아들아이는 벌써 그렇게 춥지 않다고, 매트는 나중에 깔자고 큰소리를 쳤지만, 나는 못 들은 척하고 깔아주었다. 그날 밤 아이가 야간자율학습을 마치고 돌아오기 직전 전원도 넣어두었다. 그리곤 아이보다 먼저 잠들었는데, 다음 날 아침 아이가 싱긋거리며 고백했다.

"엄마, 따뜻해서 정말 좋았어요."

엄마는 모두 이렇다. 내가 특별해서가 아니라, 어떤 경우에도 아이에게 잘해주고 싶은 엄마의 마음을 가졌기에 고맙단 말을 들을 수 있었던 것이다. 엄마의 마음으로 고객 대하기가 바로 '그루밍하기'다. 엄마는 냉철한 이성만으로 아이를 대하지 않는다. 아버지가 갖지 못한, 엄마를 경험한 여자들이 갖는 경쟁력은 '감성시력'이다. 이성이 아니라 감성의 눈으로 고객을 살피는 능력 말이다. 대부분 사람은 매우 이성적이고 합리적이며, 과학적일 것이라 여긴다. 하지만 절대 그렇지 않다. 오히려 사람은 굉장히 즉흥적이고 감정적이며, 앞뒤가 다르기 일쑤다. 진화심리학자들은 이를 두고 진화 과정에서 생긴 버그들이 인간을 지배하기 때문이라고 해석한다. 그러므로 고객을 대할 때 필요한 것은 이성의 눈이 아니라 감성의 눈이다.

고객을 사랑하면, 고객의 아픔이 보인다

2009년 초, 미국 자동차 시장에 이변이 일어났다. 1월 골 깊은 불황으로 인해 미국의 신차 판매량이 37%가량 감소했음에도, 현대자동차는 시장점유율을 크게 올랐다는 보도가 났다. 비결은 현대자동차가 구사한 차값 환불보장제도 덕분이었음이 밝혀졌다. 미국 시장에서 판매율을 높이기 위해 고심하던 현대자동차에서는 그즈음 새 차를 둘러싼 잠재고객의 두려움 – '날로 경기가 위축되는데, 새 차 샀다가 혹시 실직되면 어쩌지…?' – 때문에 신차 구입률이 크게 떨어지고 있음을 발견했다.

현대자동차는 이러한 소비자를 대상으로 차를 구입한 뒤 1년 이내에 실직해 할부금을 내지 못하거나 유지에 어려움이 생길 경우, 차를 반납할 수 있게 한, 이른바 '현대 어슈어런스'라는 판촉 프로그램을 선보였다. 속내를 들켜버린 소비자들은 '웬 떡이냐' 하며 차를 구입했던 것이다. 현대자동차는 차를 사고 싶어도 망설이는 고객의 아픈 곳을 헤아려낸 대가로 미국 시장을 크게 점유하는 선물을 받았다.

'고객의 아픈 곳(고통을 뜻하는 Pain에서 착안)'이란 단어를 나는 P-포인트라 부른다. 대부분의 고객들이 돈을 지불하는 것은 문제를 해결하려는 욕구 때문이다. 그러니 내 잠재고객의 아픈 곳이 어딘지를 알면 해결책을 제시할 수 있고, 이 해결책에 대해 고객은 값을 치를 것이다.

나 역시 고객의 P포인트를 알아내기 위해 많은 노력을 거쳤다. 내가 진행하는 프로그램 가운데 글쓰기 훈련법은 가장 바람직하기로야 써온 글을 앞에 두고 머리를 맞대고 빨간펜으로 밑줄 긋고 돼지 꼬리표를 그려가며 첨삭하는 것이다. 그 자리에서 피드백을 주고받으며 다시 써보고 새로 써보는 과정을 거쳐야만 글을 잘 쓸 수 있게 된다. 하지만 시골 작업실에서 닷새, 서울 비즈니스 공간에서 이틀을 나눠 사는 나로서는 글쓰기 레슨에 따로 시간을 내기가 어렵다. 나도 그렇지만 바쁜 일과를 살아가는 고객들도 매주 한두 차례 시간을 내기가 쉽지 않다. 그래서 마련한 것이 온라인 레슨이다. 비록 오프라인 과정만 못하지만 어쨌거나 글쓰기 레슨을 당장이라도 시작할 수 있다는 데만 초점을 맞춰 공지했더니 그 반응과 효과가 뜻밖에 좋았다. 나도 고객도 온라인 세상 덕을 톡톡히 본 것을 만족해하는 프로그램이었다.

사랑하면 보인다고 했던가. 보이면 이미 전과는 다른 대상이다. 그러니 먼저 당신의 고객을 사랑하라. 그러면 그의 아픔과 그의 불편이 보인다. 그리고 나면 또 발견할 수 있을 것이다. 당신의 재능이 그들의 아픔과 불편에 어떻게 반응하는지를. 그러면 그것을 해결해줄 당신만의 솔루션이 만들어지게 된다. 사랑의 눈으로 고객을 보고, 마치 엄마처럼 고객의 아픔과 불편을 어루만지는 당신은 한 분야의 탁월한 전문가이면서도 따뜻한 마음 씀씀이로 고객의 사랑을 얻을 수 있다. 그러면 마케팅을 잊고 살아도 될 것이다.

Nudge

가치 있는 것일수록 마케팅을 하지 않는다.
진정 가치 있는 것은 아무에게나 팔지도 않는다고 했다.
당신이 탁월한 인포프래너라면 당신 또한 판매도 마케팅도 하지 않아야 한다.
그렇다면 인포프래너는 가만히 앉아서 고객을 기다려야 할까?
만일 고객이 당신의 친구들라면 그들에게 어떻게 마케팅을 하겠는가?
어쩌면 친구 같은 고객에게는 "이거 어때? 좋아 보이지?" 하며
팔꿈치로 툭툭 건드리게 될 것이다.

PART 06

인포프래너
소통전략

고객의 마음을
우정으로 물들일 수 있다면

앞서 우리는 마케팅도 판매도 필요 없도록 하기 위해 고객의 뇌리에 단 하나의 브랜드로 당신의 이름이 자리 잡게 하는 방법에 대해서 이야기했다. 하지만 인포프래너로서 당신을 잘 팔려면 마케팅을 하지 않을 수는 없다. 고객의 뇌리에 자리를 잡았다고 해도 지속적으로 소통하지 않는다면 고객은 우리를 쉽게 잊어버릴 것이고, 그러면 우리는 고객의 뇌리를 파고드는 노력을 매번 해야 할 것이다. 이렇게 되면 판매나 마케팅을 하지 않기 위해 브랜딩을 한다는 명분이 무의미해진다. 고객의 뇌리에 일단 파고든 당신의 이름을 영구히 고정시키기 위한 노력이 지속적으로 행해져야 한다.

연결된 세상을 이용한 마케팅법
앞서 우리는 인포프래너가 된다는 것의 최고 장점은 밑천이 거의 필요 없다는 것임을 확인했다. 그렇다면 당신의 이름을 고객의 뇌리에 꽉 잡아두기 위한 노력들에도 따로 돈이 들지 않아야 한다. 그런데 기존의 방법으로는 돈을 많이 뿌려도 고객의 기억 속에 당신의 이름을 남기기는커녕, 당신을 기억시키기도 역부족이다. 요즘 소비자들은 그 어떤 마케팅 공세에도 끄덕하지 않는 콘크리트와 같다. 하지만 걱정할 필요 없다. 강건한 콘크리트는 오히려 실핏줄 같은 균열에 흔들릴 수도 있다.

서울시장으로 업무를 수행하고 있는 박원순 선생만 하더라도 돈이 아니라 실핏줄 같은 영향력으로 유권자들의 가슴을 파고들었다. 이낙연, 유시민, 김동연… 이 이름들은 한 줄 글과 한마디 말로 행정에 무관심하던 젊은 층들의 입에 오르내리며 그들의 콘크리트 같은 마음에 미세한 균열을 만들었다. 그리고 마침내 그 속으로 파고들어 굳건한 지지층을 형성했다. 인프포래너도 그렇다. 고객의 마음에 틈을 만들고 그 속으로 파고들 수 있다면 그들의 마음을 당신으로 물들일 수 있다.

우리는 지금 4인치 내외의 스마트폰 속에서 살고 있다. 트위터나 페이스북 같은 소셜네트워크서비스(이하 SNS)에 의해 빈틈없이 엮여 있고, 그 배경으로 미디어에 대한 인식과 산업의 판도가 한순간에 뒤집히고 뒤엉킨 빅뱅을 연출한다. 시대가 달라지면 요구되는 인재의 전형도 달라지기 마련이다. 이런 시대에는 리더의 모습이나 자격 역시 달라진다. 런던대학교 저널리즘 스쿨의 스리 스리니바산 교수와 뉴욕타임스 소셜미디어 부문에서 일하는 그의 제자 발리움 라발시크가 저널리스트에게 필요한 기술에 대해 언급했다. 이를 가만히 보니 고객에게 영향을 미쳐 고객들을 움직이는 인포프래너가 되어야 하는 우리들이 갖춰야 할 절박한 기술이라 여기 소개한다.

1. 적합한 타이밍에 적합한 내용의 콘텐츠를 적합한 방법으로 다양한 미디어에 발신하는 기술
2. 다수의 팬들과 이야기하며 커뮤니티를 운영할 수 있는 기술
3. 자신의 전문 분야에서 좋은 콘텐츠를 찾아내어 일부는 다른 사람에게도 나눠줄 수 있는 선택기술
4. 링크로 서로 이어 있는 웹의 세계에서 자신의 목소리를 내어 정보를 발신하고 참여하는 기술
5. 같이 일하는 동료들이나 다른 전문가들 그리고 자신의 콘텐츠를 좋아해주는 팬들과 협력해가는 기술

이 기술들을 우리 인포프래너의 언어로 바꿔 표현하면 다음과 같다.

1. 시의적절한 콘텐츠를 고객들이 접하는 미디어에 맞춰 공급하는 기술
2. 고객들과 관계를 유지하며 그들의 관심사를 지속적으로 알아내고 해결책을 모색하는 기술

3. 자신이 속한 분야의 전문적인 콘텐츠를 고객의 필요성과 연결
   해 공유하는 기술

4. 자신만의 메시지를 인터넷으로 빠르게 송출하는 기술

5. 유관한 분야와 협력해 더욱 큰 시너지를 만들어내는 기술

하나하나 만만찮은 기술이라는 생각이 드는가?

걱정하지 말라. 아주 간단한 그러면서도 이 기술 모두를 한 번
에 가능하게 하는 방법이 있다. 바로 블로그를 만들고 운영하는
것이다.

페이스북에 쫄지 마!
인포프래너의 길은 블로그로 통한다

마흔이 되도록 싱글을 고수하던 후배가 수줍은 메일을 보내왔다. 요즘 소개팅을 받고 있는데, 소개를 받은 상대가 어떤 사람인지 그의 페이스북을 먼저 살피게 된다면서 자신의 페이스북에 자기소개를 어떻게 하면 좋은지 알려달라는 내용이었다. 하기는, 누군가를 소개받으면 여기저기 그를 아는 사람에게 어떤 사람인가 묻기 마련이다. 그 무대가 온라인으로 확대되었을 뿐이다.

사람이든 다른 무엇이든 좋아지려면 반드시 거쳐야 하는 단계가 있다. 일단 눈에 뜨이거나 접하는 단계에서 좋은 느낌이 들면 자꾸 보게 된다. 자꾸 보다 보면 궁금해진다. 누굴까? 뭘까? 궁금해지다 보면 알고 싶고, 알고 나면 그 다음엔 좋아진다. 좋아지면 사랑하게 되고, 물건이라면 사게 된다. 소비자들도 이러한 경로를 거쳐 구매를 한다.

수상하지 않을 만큼 충분한 최신의 정보 플랫폼

인포프래너인 당신도 이 단계를 거쳐 고객에게 선택된다. 언제 어디서든 온라인이 가능해진 요즘, 우리는 상습적으로 뭔가에 대해 누군가에 대해 듣고 나면 검색부터 한다. 그 자리에서 검색을 하고 검색 결과를 살펴 계속 관심을 둘지 아닐지를 결정한다. 망설이지 않는다. 검색 결과를 통해 제품이든 사람이든 궁금한 게 없을 만큼 알아내야 직성이 풀린다. 그런데 검색 결과가 영 신통찮다면 어떨까? 계속 관심을 두지 않게 된다. 검색이 되긴 하는데 속 시원히 뭔가를 알려주는 정보가 부족하다면 이번엔 그 대상을 수상하게 여긴다.

20여 권의 책을 출판하고 강의며 워크숍, 자원봉사를 몸이 모자랄 정도로 뛰어다니는 내가 운영하는 블로그와 인터넷 카페에 유입되는 경로를 살펴보면 70% 이상이 검색사이트를 통해 들어오는 분들이다. 이 70%라는 수치에 대해 내가 내린 결론은 이러하다.

1. 나를 모르는 채로 나와 관련된 키워드를 검색해 들어온 경우
2. 나를 접하고 더 많이 알고 싶어 들어온 경우

어느 쪽이든 검색이라는 방법을 통해 웹에서 나를 샅샅이 탐색했을 것이란 결론에 도달한다. 무엇이든 그 자리에서 속 시원하게 파악해야 직성이 풀리는 소비자들에게 그때그때 그들의 관심사에 걸맞은 정보를 속 시원하게 전해주려면 상당한 노력과 비용이 든

다. 홈페이지는 필요할 때마다 전문가의 손을 빌려야 하므로 이와 같은 느린 도구로는 부족하다.

당신의 미래 고객으로 하여금 당신, 또는 당신이 파는 정보상품이 수상하게 여겨지거나 효과가 의문시되지 않게 하려면 언제 어디서나, 어떤 경우에나 부담 없이 고객들과 통할 수 있는 플랫폼이 필요하다는 뜻이다.

플랫폼은 한마디로 고객을 위한 응접실, 마당이라 할 수 있다. 블로그는 이러한 플랫폼으로 활용하기에 그만이다. 당신의 콘텐츠와 서비스, 애정과 관심이 블로그를 배경으로 고객과 통한다. 쉽고 간단하고 빠르면서도 근사한, 게다가 비용이 전혀 들지 않는 최고의 방법이다. 그뿐 아니다. 블로그로 고객을 불러들이는 것, 아니 고객이 스스로 당신의 블로그에 자꾸 찾아오게끔 만드는 것은 바로 당신의 홈구장에서 원정팀을 맞아 경기하는 것이다.

심리학자 엘리엇 에런슨은 대부분의 사람들은 자신과 가까운 사람, 자신과 비슷한 견해를 가진 사람, 외모부터 인간성 깊숙한 곳까지 자신과 비슷한 사람, 자신의 욕구를 채워주는 사람, 자신이 채워줄 수 있는 욕구를 가진 사람, 자신이 높이 평가하는 능력을 가진 사람, 기분 좋은 외모의 소유자, 좋은 일을 하는 사람, 자신을 좋아하는 사람을 좋아한다고 했다.

당신의 홈구장인 블로그에서 당신을 찾아온 고객들에게 당신이 얼마나 그들과 가까운지, 그들과 비슷한 견해를 가졌는지, 그들의 욕구를 채워줄 수 있는지에 대해 이야기하라. 날이면 날마다 그들이 듣고 싶어 하는 이야기를 하라. 이것이 홈페이지는 물론, 페이스북이나 인스타그램으로는 절대 불가능한 블로그의 경쟁력이다.

인포프래너에게 블로그가 어떻게 도움이 되는지 정리해보자.

1. 다양한 정보상품을 생산하는 생산기지
   (책, 전자책, 강연, 세미나, 워크숍, 코칭, 컨설팅, 카운슬링)
2. 비즈니스 커뮤니케이션을 위한 소통창고
3. 고객이 알아서 찾아오는 인바운드 마케팅 도구
4. 검색엔진 노출을 통한 인지도, 평판, 명성을 제고하는 스프링
   보드
5. 글쓰기 훈련장

SNS가 줄 수 없는 신뢰와 소통의 힘

국내외를 막론하고 SNS열풍은 한 나라의 정치지각을 뒤흔들 만큼 대단한 위력을 발휘하고 있다. 그래서 부랴부랴 트위터를 시작한 사람도 있을 것이다. 언론에서 거명되는 유명인처럼 팔로어가 많지 않아 은근히 고민인 사람도 있을 것이다. 비즈니스든 정치든 개인적인 사교든 SNS가 아니면 안 되는 시대라는 역설까지 더해 두루두루 좀 쫄았는가?

그럴 필요 없다. 자신이 원하는 만큼만 활용하면 된다. 하지만 SNS가 대세임이 분명한 실정에서 페이스북이나 인스타그램 같은,

잘나가는 SNS미디어를 제쳐둔다는 것에 의구심이 생기기도 할 것이다. 또 왜 굳이 블로그냐고 의아해하는 이들도 많을 것이다.

우선 블로그와 다른 SNS미디어의 차이점에 대해 살펴보자. 트위터는 광장에서 누군가가 큰 소리로 외치고 그 목소리를 듣자고 주위에 있던 사람들이 속속 모여드는 것에 비유할 수 있다. 트위터를 이용하는 것은 손쉽지만 많은 사람들을 불러모아 그들을 대상으로 내 메시지를 전달하는 것은 쉽지 않다. 그에 비하면 페이스북은 동아리방에서 동아리들과 공통의 관심사에 대해 주고받는 것과 비슷하다.

반면 블로그는 인터넷과 스마트폰, SNS미디어를 아우르는 플랫폼이다. 인포프래너 비즈니스를 위해 전달해야 할 정보 전달과 고객과의 소통이 한 번에 가능한 플랫폼으로는 블로그나 인터넷 카페 만한 게 없다. 어떤 다양한 SNS미디어를 통해 당신을 접하게 된 미래고객이 당신에 대해 더 알고 싶을 때, 당신의 블로그에 당신이 실어 놓은 정보를 통해 당신을 살펴볼 수 있다는 것이다. 물론 당신은 이미 블로그에 당신의 고객이 알고 싶어 할 거의 모든 것들을 올려놓았을 것이다. 블로그를 통해 당신에 대해 충분히 알고 공감한 미래 고객들은 구매라는 행위로 당신과 친구를 맺을 것이다.

음악 빅데이터 분석 스타트업 차트메트릭의 조성문 대표는 미국에서 오라클 프로젝트 매니저로 일할 당시부터 한국인들 사이에 유명한 블로거였다. 그는 인맥을 넓히고 자기발전을 꾀하는 방법으로 SNS보다 블로그가 더 좋다고 자신의 경험을 토대로 이야기하곤 했다. 그는 "트위터가 인맥을 넓히는 데는 도움이 되지만 표현의 한계가 있는 반면, 블로그는 스스로 콘텐츠를 생산할 수 있다. 그리고 이 콘텐츠를 접한 이들이 그에 대한 의견을 주고받는 과정에서 인맥이 넓어지기도 한다."고 말했다. 인포프래너들에게 블로그부터 운영하라고 주장하는 배경을 조성문 씨는 이미 잘 이해하고 실행하는 사람이다.

아직도 '그렇더라도 시대의 유행인 SNS들을 무시할 수는 없다'고 생각하는가? 그렇다면 백화점이나 대형마트를 중심으로 한 유통업체들이 SNS를 마다하고 긴 글, 긴 호흡으로 고객과 소통할 수 있는 온라인 커뮤니티를 활성화하고 있다는 소식을 전해야겠다. 이들 업체는 정보에 밝은 소비자들이 고객의 주를 이루는 만큼 짧은 글로만 소통이 가능한 SNS로 향하던 관심의 방향을 블로그나 인터넷 카페, 홈페이지로 돌리고 있다. 단문 메시지의 매력도 상당하지만 정보를 교환하고 소통의 발판이 되어주는 데는 한계가 있다고 보기 때문이다. 이러한 맥락에서 인포프래너야말로 정보를 매개로한 비즈니스니 만큼 SNS보다는 긴 글로 정보를 주고받으며 소통할 수 있는 웹 공간이 필요하다.

돈이 되는 블로그, 돈이 드는 블로그

블로그 하나 제대로 잘 운영하면 고객이 알아서 찾아오고 알아서 구매하게 만든다고 했다. 그렇다면 블로그를 운영하는 것이 마케팅을 대신하니 그야말로 돈이 되는 블로그다. 반면, 블로그를 지극정성으로 운영하기는 하는데 고객이 알아서 찾아오지도 않고 구매도 하지 않는다면, 돈이 들기만 하는(시간과 정성도 돈이다) 블로그인 셈이다.

'심은경'이라는 한국 이름으로 더 유명했던 전 주한미국대사 캐슬린 스티븐스. 그녀의 커뮤니케이션 아이큐는 탁월했다. 심은경이라는 이름을 검색하면 미국대사로서 공식적인 내용 말고 그녀가 신중하게 한 편 한 편 써 모은 글들을 읽을 수 있는 블로그가 뜬다. 그녀가 쓴 책이 뜬다. 그녀가 수많은 첨단 소셜미디어들 가운데 블로그에 집중한 것은 참으로 탁월한 선택이다. 그녀의 블로그에는 사생활을 보여주는 재미는 없지만 개인이 아니라 미국대사로서의 진정성과 신뢰가 느껴지기 때문이다. 그렇기에 블로그라는 미디어의 유용함과 함께, 그렇게 써 모은 글들을 책으로 펴내기에 얼마나 유용한지를 알아차린 것이다.

검색의 시대, 인포프래너로서의 당신은 검색결과가 전부다. 아무리 대단한 솔루션과 업적을 가졌더라도 검색되지 않으면 고객은 당신을 알 수 없기 때문이다. 그러니 당장 블로그부터 하라.

이왕 시작하는 것, 블로그로 원하는 것을 이룬 블로그의 고수, '블로그 종결자'가 되어보자. 세세한 기술에 관한 이야기는 '검색'으로 얼마든지 찾아볼 수 있을 테니, 여기서는 블로그에 동원되는 몇 가지 용어를 통해 블로그는 이렇게 해야 하는 것이라는 팁을 주려 한다. 블로그 역시 다른 것들과 마찬가지로 그 용어를 들여다보면 기본이 보이기 때문이다.

먼저 '블로그한다'는 말로, 이는 원래 '블로그에 포스팅을 한다'는 말에서 나왔다. 여기서 포스팅이라는 말을 사전에서 찾아보면 이런 뜻이 나온다.

Posting[3]

n.【컴퓨터】포스팅, 투고(投稿) 메시지

(e-mail과는 달리 불특정 다수에게 보내어지는 것)

즉 블로그에 글을 올리는 행위는 불특정 다수에게 글을 보내는 의도적인 행위라는 뜻이다. 포스팅이란 단어가 갖는 이 같은 의미는 영어권 블로그 서비스 사이트에서 '글 올리기'를 Publishing이라고 표현한다는 것을 알면 더욱 확연해진다.

정리하면 블로그를 통해 내가 쏟아내는 글들은 불특정다수에게 노출되는 만큼 일기장처럼, 내 집 침실에서처럼 나 혼자만 알 수 있는 이야기로 써서는 안 되다는 의미가 포함되어 있기도 하다. 물론 블로그를 일기장처럼 활용하는 이도 많다. 그렇다면 누가 볼세라 꼭꼭 여며둘 일이다. 그렇지 않고 누가 와서 읽어주길 원한다면, 포스팅된 글을 읽고 나를 알아주고 나를 찾아주고 나를 믿어주길 원한다면 제대로 된 글을 제대로 써 '발행'해야 한다. 요약하자면, 인포프래너가 운영하는 블로그에는 인포프래너로서 당신의 이미지에 걸맞은 글을 써 올려야 한다는 것이다.

다시 한 번 강조한다. 당신과 당신의 정보상품에 흥미를 느껴 당신의 블로그로 찾아온 예비고객에게 당신은 어떤 모습으로 보여지길 원하는가? 예비고객의 흥미와 관심을 내 정보의 구매로 이어지게 하려면 고객에게 무의미한 개인적인 내용이나 하소연 따위로 블로그를 도배하지 말라. 또 일단 시작했다면 매일 포스팅하라. 이 작업은 의식의 저변에 가라앉아 있는, 당신이 그동안 읽고 생각하고 행한 자료들이 활성화되는 계기를 제공한다. 가능한 한 매일 같은 시간에 블로그에 글을 포스팅한다면 당신의 고객도 매일 같은 시간에 당신의 글을 읽으러 찾아올 가능성이 커진다.

내 블로그,
검색 0순위로 노출되게 만드는 방법들

내 블로그에는 비즈니스용 전화번호와 이메일주소가 노출되어 있다. 새벽에 메일함을 열면 이런저런 용건이 담긴 메일들이 수북이 쌓여 있다. 어떤 메일은 대뜸 '내 블로그에 무슨 문제가 있는지 좀 봐 주세요'라며 링크가 걸려 있기도 하다. 내게 이런 요구를 하는 사람들은 대부분 비즈니스를 위해 블로그를 운영하는 목적이 분명한 이들이다.

그렇다면 이분들이 운영하는 블로그는 모르는 사람의 눈에도 그렇게 비춰져야 할 것이다. 하지만 몇몇 페이지를 클릭해보기도 전에 알 수 있다. 수만 명이 드나드는 블로그를 운영해보겠다는 야무진 꿈으로 시작했을 텐데 수십 명도 드나들지 않는 폐가처럼 스산하다는 것을 말이다. 물론 그러니까 내게 좀 봐달라며 메일을 보냈을 것이다.

왜 이런 결과가 나올까? 무엇이 문제일까? 구체적이고 명확한 이유를 들자면 아마 1억 가지가 넘을 것이다. 각자 이유들이 있을 테니 말이다. 만일 이 1억 가지가 넘는 이유들을 늘어놓고 유형을 살펴 구분한다면 아마 7개쯤으로 정리될 듯하다.

1. 무슨 주제를 다루는 블로그인지 애매하다.
2. 운영자가 어떤 사람인지 모르겠다.
3. 비즈니스와 무관해 보이는 일상의 흔적을 곳곳에 흐른다.
4. 자기 글은 없고 퍼온 남의 글로 가득 차 있다.
5. 그나마 자신이 쓴 글은 무슨 이야기를 하려는 것인지 알 수 없다.
6. 이 블로그가 방문한 이들에게 무슨 이득을 주는지 모르겠다.
7. 꾸준히 업데이트를 하지 않는다.

역설적으로 이 7가지는 성공하는 블로그의 필요조건이기도 한다. 비즈니스에 도움이 되는 블로그를 만들고 운영하는 방법을 알아보자.

1. 블로그 콘셉트를 분명히 한다

블로그를 왜 하려 하는지 그 목적을 분명히 드러내도록 한다. 인포프래너로서 콘셉트가 분명하다면 새삼 고민할 거리가 없다.

2. 운영자를 공개한다

예비고객이 알 수 있도록 운영자가 누구인지, 무슨 목적으로 블로그를 하는지, 밝혀야 한다. 운영자에게 연락하는 방법도 최소한 한 가지 이상은 공개하는 것이 신뢰를 줄 수 있다.

3. 전문가의 면모를 보인다

프로페셔널은 땀과 눈물을 함부로 보이지 않는 법이다. 블로그를 통해 프로페셔널의 면모를 자랑하고 싶다면 인포프래너 비즈니스와 무관한 사소한 일상은 노출하지 않는 게 좋다.

4. 글은 직접 쓴다

블로그에 올리는 글은 직접 쓰자. 아무리 좋은 내용도 그냥 퍼다 나르는 일은 삼가야 한다. 도움 되는 내용을 퍼 나르고 싶다면, 왜 그런 생각이 들었는지를 언급한 뒤에 링크를 걸도록 하라. 혹은 그 내용을 이해하고 요약해 인용함으로써 새로운 글을 만들어 올리면 된다.

5. 블로그 콘셉트에 맞는 글을 올린다

블로그를 운영하는 이유, 블로그를 운영하는 목적에 집중된 글을 올려야 방문자가 헷갈리지 않는다. 이 이유는 이용자들이 당신의 블로그를 지속적으로 찾아올 이유 그 자체이기 때문이다. 그러니 블로그를 개설하기 전에 고민해야 할 1순위는 '왜?'다.

6. 방문자에게 도움이 되는 글을 올린다

이 블로그를 찾는 이들이 누구였으면 좋겠는가? 그들은 특정 분야의 전문가인 나에게 블로그를 통해 무엇을 얻고 싶어 할까? 이 것을 고민하라. 철저하게 방문자의 입장에서 고민한 다음 그와 관련된 내용을 포스팅하라.

7. 시작했으면 계속한다

블로그, 일단 시작하자. 그리고 계속하라. 하고 또 하다 보면 점점 더 잘하게 된다.

블로그에 무엇을 쓸까

블로그와 같은 방식으로 인터넷 카페를 수년째 운영해온 나는 마음만 먹으면 하루에도 서너 편의 글을 써 올린다. 쓰고 싶은 것, 써야 할 것이 얼마나 많은지 모른다. 하지만 쓰기에 익숙하지 않은 당신이라면 블로그에 뭘 쓸까, 어떻게 쓸까 고민부터 할 것이다. 여기에 대한 답변으로 무엇이든 하다 보면 잘할 수밖에 없다고 믿는, 경험우선주의자인 나는 블로그 또한 쉼 없이 계속하다 보면 스스로 노하우를 터득하게 될 것이라고 믿는다. 다만 당장 써 올릴 수 있는 몇 가지 이야깃거리를 귀띔해주겠다.

1. 나는 이런 사람이라는 것을 증명할 사례들
2. 나는 이 분야에서 이렇게 일해 왔다는 사실을 알려주는 사례들

3. 내가 고객을 어떻게 도왔는지를 설명하는 사례들

4. 나와 내가 파는 정보상품을 주목하게 하는 흥미로운 이야기들

5. 내 정보상품에 관한 이야기들

6. 고객의 관심분야에 대한 다양한 이야기들

이런 이야기들을 그때그때 두드러지는 시사적인 이슈와 맞물려 글을 써보도록 하라. 이슈를 검색했다가 당신의 블로그를 찾는 미래고객이 부쩍 많아질 것이다. 같은 이야기라도 시사 이슈를 곁들이면 독자들은 전혀 새로운 이야기로 받아들인다. 가령 당신이 다이어트 요리라는 아이템으로 인포프래너 비즈니스를 하고 있다고 하자. 관련 자료를 검색하다보니 스티브 잡스가 생전에 인정한 유일한 전기(傳記) 책에 스티브잡스가 좋아한 채식음식으로 이러저러한 메뉴가 있다고 한다. 그렇다면 당신의 블로그에는 이런 제목의 포스팅이 올라갈 수 있을 것이다.

'스티브 잡스가 생전에 채식을 질리지 않고 즐긴 비법.'

당신의 글이 포털 사이트 메인화면에 소개되는 놀라운 일이 일어날 수도 있다. 스티브 잡스의 전기를 읽고 나도 이런 글을 포스팅했었다.

'스티브 잡스의 연설문 쓴 사람 알고 보니….'

전기에 그 연설문을 쓴 사람이 소개되었다. 바로 그 자신이었다. 평소 나는 리더라면 글을 남에게 맡기지 말고 직접 써야 한다고 주장한다. 그런데 스티브 잡스도 직접 썼던 것이다. 그러므로 내 블

로그 방문자들에게도 글쓰기를 훈련해 직접 쓰라는 포스팅을 올릴 수 있었다. '글쓰기를 훈련해야 한다'라는 그리고 '채식을 먹어야 한다'라는 심심하고 막막한 내용을 시의적인 이슈와 버무리니 보기만 해도 군침이 도는 싱싱한 샐러드로 변신한 것이다.

고객이 당신을 알고 싶을 때 언제든 클릭해볼 수 있도록 관련된 모든 이야기를 고객의 입장에서 고객의 언어로 써 올려라. 《로마인 이야기》를 쓴 시오노 나나미는 상품이 될 만한 문장에는 약간의 재주가 반드시 필요하다고 했다. 블로그가 당신을 홍보하는 기능을 한다면 블로그에 쓰는 글도 당연히 상품이 될 만한 문장으로 쓰여야 하는 것이다. 전문작가가 아니기에 돈으로 맞바꿀 만한 문장을 쓰느라 전전긍긍할 필요는 없다. 블로그는 당신이 운영하는 개인적인 미디어이므로 어떻게 쓰고 표현하든 당신이 결정하기 나름이다. 다만 고객은 당신의 글을 통해 당신을 평가할 것이다. 그러니 '상품'에 가까운 글을 실어야 하고, 상품이 되는 글을 쓰기 위해서는 약간이나마 '재주부리기'를 배워야 할 것이다.

그리고 당장이라도 연락 가능한 당신의 연락처를 밝혀 놓아야 한다. 전화든 주소든 이메일이든 또는 이것 모두를 밝혀야 한다. 정부기관에서 인터넷 카페 형태로 운영되는 쇼핑몰 108곳을 조사한 결과 80%를 웃도는 수치의 운영자들이 전화번호와 이메일 주소를 숨겼다는 발표를 본 적이 있다. 이름 석 자로 비즈니스를 하는 인포프래너들은 절대로 이런 '꼼수'를 부려선 안 된다.

마지막으로, 클릭률 높은 글을 쓰는 몇 가지 팁을 알려주겠다.

첫째, 하우 투(How to), 즉 방법을 알려주는 글을 써라

읽지 않고 못 배기는 글에는 독자를 위한 이득이 담겨 있다. 특정한 것에 대한 방법을 알려주는 글이다. 하고 싶은 것, 잘 못하는 것을 쉽고 빠르고 근사하게 해내는 방법에 대해 가능한 한 세분화해 글을 써 올리면 조회율이 높아진다. 즉 막연하게 '글 잘 쓰는 법'이 아니라 '회사에서 원하는 글 잘 쓰기' '100% 즉각 회신을 부르는 이메일 쓰는 법' 하는 식으로 말이다.

둘째, 문제를 해결하고 근심을 풀어줄 수 있다고 암시하라

블로그 독자들은 성미가 급하다. 에둘러 쓰면 다른 블로그로 가버린다. 독자들에게 가장 많은 문제들을 분석해 아는 사람은 알지만 모르는 사람은 절대 모르는 팁들로 해결책을 제시하라.

셋째, 100% 클릭을 부르는 제목을 만들어라

대부분은 '○○하는 법' '○○하는 요령'처럼 말이다. 여성잡지를 보라. 대개는 이러한 제목으로 독자의 호기심을 자극한다. 블로그도 마찬가지다.

다음 내용대로 블로그에 대해 연구하고 당신의 블로그를 설계해보라. 블로그를 통해 어떠한 인포프래너로 인식되고 싶은가에 대한 탐구를 빠뜨리지 말라.

1. 블로그를 통해 당신이 어떻게 보이길 원하는가?
① 내 분야의 최고 전문가　　　② 내 분야의 최고 조력자 혹은 친구
③ 다정다감한 이웃　　　　　　④ 기타

2. 블로그를 통해 무엇을 팔고 싶은가?
① 사랑과 관심　　　　　　　　② 메시지
③ 정보　　　　　　　　　　　　④ 기타

3. 블로그에 무슨 글을 지속적으로 포스팅할 수 있는가?
①
②
③

4. 블로그의 목적과 성격은 무엇인가?
① 퍼스널브랜딩 플랫폼　　　　② 글쓰기 훈련
③ 책을 쓰기 위한 전진기지　　④ 커뮤니티의 구성과 유지
⑤ 상거래　　　　　　　　　　　⑥ 기타

5. 지금까지 블로그와 카페를 통해 해온 것은 무엇인가?
① 글로써 메시지 팔기　　　　② 일상의 다양한 이야기
③ 상담　　　　　　　　　　　　④ 정보 제공
⑤ 상거래, 중개　　　　　　　　⑥ 일기처럼 개인적인 내용

6. 이런 블로그를 하고 싶다.
① 샘플 블로그 이름과 주소, 운영자 분석
② 왜 이 블로그처럼 하고 싶은가?

인포프래너의 최종병기,
내 책 출판하기

손가락으로 컨트롤 가능한 전자세상을 연 스티브 잡스. 그가 유일하게 인정한 전기(傳記)는 왜 종이책으로 먼저 출간되었을까? 전자책으로 출간해 아이북스로 전송했더라면 아이폰이나 아이패드의 영향력이 지대해졌을 텐데 말이다. 혹시나 하고 전기를 샅샅이 뒤져보았지만 그 이유를 찾을 수 없었다. 다만 짐작해보자면 스티브 잡스는, 자신의 생애가 예술가의 작품처럼 받아들여지기를 원했던 게 아닌가 싶다. 앞으로는 몰라도 적어도 스티브 잡스가 죽는 순간까지는 위대한 작품들은 모두 가상세계가 아니라 물성(物性)을 지니고 실물세계에 존재했으니 말이다. 전자책은 이러한 물성을 지닐 수 없다.

SNS의 히어로로 급부상해 기성의 소통문화를 뒤집어엎은 〈나는 꼼수다〉의 출연진들이 프로그램이 종료된 뒤에도 왜 책을 여러 권씩이나 출간했을까? 또 〈청춘콘서트〉로 현장에서 젊은이들과 공감해온 시골의사 박경철 씨는 그 직후 왜 책을 냈을까? 현장에서의 소통이 부족해서일까? 아니다. 책이라는 미디어가 갖는 그 나름의 속성 때문이다.

책은 당신의 역사이며 당신을 작품화한 것이다

시중 서점에서 팔리는 자기계발에 관한 책들의 저자는 동시에 인포프래너다. 인포프래너로 만들어낸 정보가 책이라는 상품으로 출시되면 관련된 내용의 강연을 해달라는 요청이 쇄도한다. 또 더 자세하고 직접적인 정보를 필요로 하는 이들을 대상으로 세미나나 워크숍을 열 수도 있다. 말하자면 저절로 날개가 달린 듯 사업이 확장되는 셈이다. 인포프래너는 명함 한 장으로 시작해 단계별로 성숙하고 성장하는 과정을 거쳐야 한다. 그런데 책을 내는 것으로 단번에 인포프래너가 될 수 있다. 론리플래닛의 창업주 휠러 부부가 그랬다. 30대 젊은이들의 꿈이 여행작가라고 한다. 그렇다면 책을 한 권 내는 것으로 여행 비즈니스 인포프래너의 대표선수가 될 수 있다.

블로그 운영이 항상 고객과 연결되어 있으면서 영향을 미치는 정겨운 방법이라면, 출판은 인포프래너인 당신의 메시지를 더욱 힘 있게 피력하는 미더운 방법이다. 출판은 개개인이 구사할 수 있는 럭셔리마케팅의 진수다. 한 분야의 전문가에서 그 분야의 명품 브랜드로 자리 잡는 최고의 방법인 것이다. 그러하기에 얼마든지 돈과 시간과 열정을 쏟아 부어 투자할 만하다.

인포프래너에게 최종병기는 책이다. 고만고만한 것들이 너무나 많이 넘쳐나는 시대에는, 고객들 스스로 너무 많은 정보에 노출되어 있기 때문에 그들 스스로 잘 판단해 당신을 찾아오게 해야 한다. 스스로 찾은 것, 스스로 선택한 것에는 누구나 끝까지 책임지려하는 법이기 때문이다.

고객이 알아서 선택하게 하려면 남다른 철학과 가치관을 지녀야 하고, 그에 따라 행동해야 하고, 또한 그것을 고객이 알 수 있어야 한다. 그러려면 책을 출판하는 것 이상의 방법이 없다. 책은 저자를 작품화한 것이기 때문이다. 당신의 역사를 당신의 손으로 만들어낸 것이기 때문이다. 게다가 책은 당신만의 노하우를 정보상품으로 제공해 평생수입원을 확보하는 최단거리의 지름길이기도 하다.

물론, 앞서 인포프래너로 출발하는 데는 명함 한 장이면 충분하다고 말했다. 그리고 이는 사실이다. 출판된 책이 없어도 전혀 지장 없다. 고객은 자신이 해결하고 싶은 문제나 충족시키려 애쓰는 욕구에 관해 인포프래너에게 도움을 받을 수 있다면 대가를 지불할 테니 말이다. 다만, 기왕이면 다홍치마라고 인포프래너의 이름으로 출판된 책이 있다면, 당신 대신 홍보를 도맡는 기능을 하기 때문에 여력 있다면 출판을 권하는 것이다.

경험한 것을 써라

인포프래너인 당신의 이름으로 출판된 책은 당신의 고객에게 어떻게 보이고 싶은가에 대한 궁극의 답변이다. 당신의 고객에게 당신이 쓴 책은 신뢰 그 자체다. 스마트 기기가 좌지우지하는 시대에 종이책이 그 정도 영향력을 미칠 수 있을까 의심스러운 사람도 있을 것이다. 그렇다면 미국의 IT전문 칼럼니스트 니콜라스 카의 설명을 대신 전하겠다.

"책은 계몽과 이성의 역사이기도 하다. 책은 처음에 띄어쓰기도 없이 손으로 쓰였으나, 서서히 문장, 문단, 장이라는 논리적 구조를 갖추는 방식으로 진화해왔다. 책에 빠져드는 것은 이 완결된 구조 속에 사고를 투영하는 과정이다. 이 경험은 인터넷 검색이나 전자책 단말기가 흉내 내기 어려운 영역이다."

한마디로 책은 최근 속속 등장하는 어떤 미디어보다 지적인 영향력을 가졌다는 것이고, 바로 이 점이 당신의 책을 접한 당신의 고객이 당신을 신뢰할 수밖에 없는 이유이기도 한다. 한 분야의 전문가라는 증거치고 그가 직접 쓴 책만 한 게 있을까? 책은 또한 자신의 정보서비스에 대해 설득하는 동안 전혀 방해를 받지 않는다.

우리나라 1호 책쓰기 코치라는 닉네임을 얻은 나는 오랫동안 수많은 사례들을 거치며 가능한 한 수월하게 책을 쓰게 하는 방법론과 책쓰기에 유용한 도구들을 만들어 활용하고 있다. 이것이 인포프래너 인큐베이터인 나의 특급 솔루션이다.

이 책에서는 인포프래너가 고객과의 관계를 더욱 돈독히 하는 방법의 하나로 출판을 이야기하므로 책쓰기에 대한 상세한 노하우가 아니라 방향성에 대해서만 언급하려 한다. 책은 당신이 말하고자 하는 주제에 대해 한 편의 긴 이야기를 풀어놓는 것이다. 고객이 당신의 책을 읽는 내내 저자에 대한 신뢰를 저자가 서비스하는 정보상품에 대한 흥미와 관심을 높여갈 수 있도록 해야 한다. 그러는 한편, 아쉬우나마 책만으로도 당신의 노하우를 공유할 수 있도록 써야 한다.

당신의 책이 이 같은 영향력을 행사하는 데는 꼭 필요한 원칙이 있다. 당신이 경험한 것에 대해 써야 한다는 것이다. 독자들, 즉 당신의 고객들은 잡다한 주제를 긁어모아 놓고 책, 이라고 우기는 것은 거들떠보지 않는다. 이런 내용은 출판사에서도 거절당한다. 아무리 글을 잘 쓰는 사람도 경험하지 않은 것을 경험한 듯 쓸 수는 없다. 당신이 한 분야를 오래 경험해왔고, 그 노하우를 매뉴얼로 만들고, 이를 요리 레시피처럼 친절하게 구성한다면 설령 글을 좀 못 쓰더라도 이러한 내용이 책으로 나오는 데는 그리 어렵지 않다. 전문작가에게 정식으로 도움을 받을 수도 있다.

이렇게 만들어진 원고는 서로 호흡이 맞는 출판사에 넘겨 출판한다. 원고가 출판사에 받아들여지면 책을 만들고 유통시키는 것은 출판사의 몫이니 이렇게 보면 원고 쓰기가 출판의 전부다. 출판사에서는 당신의 원고를 책으로 만들어내기 위해 축적된 전문성을 한껏 활용한다. 일선 서점에서 많이 팔기 위해 갖은 방법으로 홍보하고 마케팅한다. 출판사는 당신의 책을 출판해 이익을 나누는 파트너다. 다만 출판사들이 기다렸다는 듯이 당신의 원고를 책으로 출판하려 들 것인지는 당신의 원고에 달렸다.

이만한 원고는 두 번 다시 나오지 않을 것이라는 수준의 원고를 썼는데도 출판사에 받아들여지지 않는다면 자비출판을 하라. 우리가 기억하는 베스트셀러들도 출판사의 눈에 들지 못해 자비출판으로 세상에 나온 경우가 많다. 중요한 것은 원고에 대해 당신이 얼마나 자신감을 갖고 있느냐다. 정말 자신 있다면 출판사를 찾아 전전하는 대신, 당신에게 당신의 책을 갖는 기회를 선물하라.

책이 되는 블로그 책잡히는 블로그

블로그는 돈 한 푼 들이지 않고 다양한 면에서 고객과 소통하는 등 인포프래너에게 플랫폼의 기능을 선물한다고 앞서 설명했다. 그런데 이 블로그를 전략적으로 잘만 운영하면 당신의 책을 출판하는 데 큰 기여를 한다. 인포프래너인 당신의 정보상품과 블로그와 책은 하나의 주제를 이야기한다. 그러니 블로그에 써 올리는 내용을 엮어도 책으로 출판하기에 충분하다는 뜻이다. 단, 조건이 있다. 사전에 책을 기획해 내용을 구성한 다음 그에 맞춰 글을 써야 한다. 그렇지 않고 중구난방 글을 써서는 같은 주제라 하더라도 책의 원고를 만들기 위한 자료 수준이 될 뿐이다.

책이 되고도 남을 주제를 설정해 그 한 편의 이야기를 매주 방영되는 드라마처럼 소주제로 나누어 블로그에 한 편 한 편 쌓아두는 일은 출판거리를 찾아다니는 출판사를 유혹하기에도 그만이다. 당신이 차곡차곡 모아놓은 콘텐츠를 보고 출판사에서 책을 내자고 제안해온다면 후속상황은 당신에게 100% 유리하게 전개된다. 반면 블로그가 부실하게 운영되고 있다면, 글이라고 써 올렸는데 무슨 이야기를 하는지 모르겠고, 문장도 엉망이라면 당신에게 책을 쓰게 할까? 결국 블로그는 운영하기에 따라 책이 되기도 하고 책을 잡히기도 하는 양날의 검이다.

전자책을 읽을 수 있는 다양한 단말기가 널리 보급되면서 전자책을 '자가출판(自家出版)'하는 시스템도 우후죽순 늘어났다. 종이책처럼 출판사의 눈치를 보지 않고 내 책을 내 마음대로 출판할 수 있다는 제안은 많은 이들을 설레게 한다. 앞서 스티브 잡스가 왜 전자책을 출판하지 않았을까 추리해본 것과 같은 이유로 인포프래너를 마케팅하는 용도로는 종이책이 더 유효하다. 독자 입장에서 잘 만들어진 종이책은 저자의 전문성과 동일하게 어필되기 때문이다. 그럼에도 전자책으로 자가출판해 저자로 시장에 데뷔하는 기회를 만드는 데 비중을 두신다면 다음 몇 가지는 반드시 유념해 준비하기 바란다.

첫째, 독자들이 돈을 주고 사서라도 읽고 싶어 할 내용을 집필해야 한다. 둘째, 기획에 걸맞은 게 내용이 구현되었는지, 표기는 바른지 결과적으로 읽고 싶고, 읽기 쉽게 내용이 표현되도록 하는 편집과정을 반드시 거쳐야 한다. 이 분야 전문가의 도움을 받기 바란다. 마지막으로, 직접 출판한 전자책에 관한한 내용과 형식 전반에 걸쳐 무한책임을 지겠다는 단호한 결심이 필요하다.

유능한 인포프래너는
고객과 직접 만난다

한때 광장마다, 대학마다 청춘콘서트니 북콘서트니 하는 이름으로 기성세대와 청춘들이 만나는 것이 붐이었다. 스마트폰으로 얼마든지 수시로 만나고 사랑하고 일하면 된다면서 이런 모임이 왜 인기 있을까? 왜 유사한 이름의 대규모 만남이 계속 이어지는 걸까? '위로'가 있기 때문이라고 한다.

같은 높이에서 서로 눈을 맞춘 채로 주고받는 공통의 주제를 맘껏 이야기 나눔으로써 큰 위로를 받는다고 한다. '아프니까 청춘이다, 그만 아파하라'는 격려에 매우 고무된다고 한다. 그건 바로 '나'를 위해 내 눈을 바라보며 하는 이야기이기 때문에 그러하다. 스마트폰 속에 존재하는 '나'가 아니라 시대와 사회가 낳은 총체적인 고민과 절망 속에서 허덕이는 '나'와 '우리'가 서로를 알아보고 위안을 나누는 것이다.

〈배달의 민족〉 어플을 서비스하는 우아한 형제들 김봉진 대표는 책을 읽으면 SNS에 리뷰를 올렸다. 그러면 사람들이 자신을 책을 많이 읽는 사람이라고 생각해줄 것 같아서라고 했다. 이렇게 올린 리뷰글이 제법 되자 내용을 묶어 책으로 냈고, 책이 나오자 토크콘서트라는 이름으로 독자들과 직접 만났다. 그가 온라인으로 만나고 오프라인에서 또 만난 독자들은 그의 어플을 이용하는 고객이거나 잠재고객이다. 회사 대표가 긍정적인 이유로 고객들과 자주 만나면 고객들은 이제 팬덤을 형성한다.

버락 오바마 전 미국대통령은 재임 시 맥주를 사이에 두고 많은 이들과 만났다. 백악관의 대통령 집무실을 방문한 20대 청년과도 맥주를 마시고, 플로리다 주 올랜도 한 맥주집에서도 시민들과 마시고, 다른 나라를 방문해서도 맥주를 마시는 장면이 외신을 통해 공개되곤 했었다. 임기가 끝나기 전까지 적어도 일주일에 한 번은 야당 인사들과 맥주를 마시라고 한 경제학자가 조언했었다고 한다. 이 덕분이었을까, 그는 재임 중 전례 없는 지지율 고공행진을 기록했었다. 퇴임한 지금도 그는 맥주를 사이에 두고 많은 이들과 맥주를 마시며 격의 없는 만남을 지속하고 있을 것이다.

스마트폰으로 일에서 사랑까지, 삶에 필요한 중요한 많은 것들을 수행하다 보니 매순간 누군가와 연결되어 있기는 하지만, 누군가를 만나 악수하고 눈을 마주치며 소통하고 기뻐하고 행복을 느끼는 일이 부쩍 줄었다. 구글의 회장으로 근무하던 에릭 슈미트마저 당시에 "컴퓨터를 끄고 휴대폰을 꺼라."고 주문하면서 그 대신

"주위의 인간적인 것들을 발견하라, 주위에 있는 사람을 발견하라, 인생에서 가장 중요한 것을 찾아라."고 조언한다.

인포프래너 마케팅의 비결

명함 한 장 달랑 들고 시작하는 당신의 인포프래너 인생에는 블로그만큼 든든한 파트너가 없고, 당신의 이름으로 된 책을 출판하는 것만큼 든든한 도우미가 없지만, 이것들과 비교가 되지 않을 만큼 훨씬 더 근사한 축제가 있음을 알려주려고 한다. 정말로 중요한 일은 음극과 양극처럼 만나야 이뤄진다.

당신의 인포프래너 비즈니스도 예비고객과 만나야 이뤄진다. 전화나 이메일, 카카오톡과 같은 문자메시지가 아니라 직접 만나서 이야기해야 한다. 당신과 고객 단둘이 만나고, 여럿이 만나고, 많은 사람들과 함께 만나고 또 만나라. 만나서 이야기하라. 당신의 메시지를 말하고 그들의 입장에서 말하고 그들이 원하는 것을 알려주고 그들의 고민을 당신의 메시지 차원에서 듣고 당신이 알고 있는 해결책을 나눠주라.

당신이 많은 이들과 만날 수 있는 방법으로는 세미나, 특강, 상담 등의 방법이 있다. 무료나 소액의 참가비만으로 참석할 수 있게 한다면 더욱 많은 이들과 함께할 수 있을 것이다. 주기적으로 마련되는 만남이라면 당신을 만날 수 있는 그날을 설레며 기다리는 사람도 생길 것이다. 서로 자주 만나며 화제를 공유하고 성장을 지원한다면 든든한 서로의 후견인이 될 수도 있다.

많은 사업가들이 자신이 해야 할 일 가운데 가장 중요한 것으로 고객과의 만남을 꼽는다. 네트워크 산업의 강자인 시스코의 존 체임버스 회장은 글을 읽거나 쓰지 못하는 난독증 때문에 고객을 만나 이야기 듣는 것으로 고객과 소통한다. 그 시간이 한 주에 30시간을 넘는다고 한다. 이토록 큰 회사의 회장이 직원 여섯 명뿐인 작은 회사와 계약을 할 때도 회사를 찾아가 CEO와 직접 계약을 체결할 정도로 만남을 좋아한다. 그는 전자네트워크 비즈니스의 일인자이지만, 그 비결은 이 같은 인간네트워크 덕분이라고 많은 이들이 말한다.

나는 2007년부터 토즈책쓰기교실을 진행해왔다(지금은 '송숙희 책쓰기교실'이다). 모임공간 토즈에서 모임의 진행에 필요한 하드웨어를 대고 내가 책쓰기 솔루션을 제공하는 제휴프로그램이었다. 이 모임을 통해 나는 매번 각 분야 전문가들과 평균 5주에 걸쳐 프로그램을 함께한다. 그들은 자신의 콘텐츠를 책으로 표현해보겠다고 욕심을 내는 사람들이고 모임의 참가비용은 실비인 대신 제시하는 과제를 성실하게 수행해야 마지막 관문까지 통과할 수 있다. 나와 온라인으로, 강의실 강의로, 수학여행으로 함께하면서 독자들이 사서 읽기를 원하는 책을 쓸 만한 저자로 거듭 태어난다.

나는 나대로 책쓰기를 원하면서도 결과를 내지 못하는 사람들의 문제를 책쓰기교실을 통해 파악하고 새로운 해결책을 만들기도 한다. 저렴한 수강료로 진행하는 이 프로그램은 얼핏 내가 수강생들에게 일방적으로 도움을 제공하는 것 같지만, 같은 꿈을 꾸는 이들과 함께하는 시간이 얼마나 보람 있고 행복한지를 알게 해주기 때문에 서로에게 도움이 된다.

- 단둘이 혹은 몇몇이 오붓하게 만나기 : 미팅, 소모임
- 언제 : 퇴근 후 혹은 주제에 따라 주말과 휴일 2시간
- 어디서 : 만남을 위한 공간을 제공하는 곳이 조용하고 오붓해 좋다.
- 누구와 : 블로그를 통해 희망자를 신청 받는다.
- 어떻게 : 만남의 성격과 주제를 정해 만나는 것이 좋다. 또 비즈니스상 만나는 게 아니라면 모든 비용은 더치페이가 좋다. 이 또한 사전에 공지되어야 한다.
- 많은 이들과 한꺼번에 : 강연
- 언제 : 강연시간에 따라 다르지만 퇴근 후, 주말이나 휴일에 2시간 내외
- 어디서 : 강연 참석자의 수를 고려해 적당한 크기의 공간을 확보한다. 방송시설 등 제대로 된 공간을 확보하려면 유료로 서비스하는 곳이 여러모로 편하고 안전하다. 자체적으로 홍보네트워크를 갖춘 곳이라면 제휴해 진행하면 좋다.
- 누구와 : 블로그를 통해 참석자를 신청 받는다. 참석자의 숫자에 따라 공간의 크기가 달라지므로 참석신청과 함께 신청비를 받는 것이 안전하다.
- 어떻게 : 강연 내용을 잘 전달할 자료를 준비하면 강연이 더욱

실속 있다. 참가한 이들의 리스트를 만들어두었다가 다음 강연에 우선 초대하면 진행이 편하다. 강연 후 뒤풀이를 갈 수도 있는데 장소를 미리 물색해두면 우왕좌왕하지 않아서 좋다. 뒤풀이 비용은 대개 참석자 수만큼 나눠서 낸다.

- 좀 더 심도 있게 만나기 : 세미나 워크숍
- 언제 : 세미나나 워크숍은 적어도 한나절 이상의 시간이 필요하다. 참석자들이 평일에 참석할 수 있는 참석자라면 몰라도 대개는 주말이나 휴일에 진행한다.
- 어디서 : 대도시 근교의 세미나나 워크숍을 진행할 수 있는 공간들이 많다. 유료이며 사전답사로 꼼꼼하게 준비해야 한다.
- 누구와 : 블로그를 통해 참석자의 신청을 받는다. 사전에 참가비를 내는 조건으로 진행한다.
- 어떻게 : 대도시권을 벗어나는 경우 장소에 접근하는 방법을 교통수단별로 자세히 공지해야 한다. 더욱 심도 있게 솔루션을 전수받는 시간이므로 내용물을 알차게 준비해야 한다. 또 주의사항이나 사전 준비해야 할 것들에 대해서도 블로그를 통해 여러 차례 공지해야 실수가 적다.

다른 일과 마찬가지로 만남을 주최하고 진행하는 것도 자주하면 더 잘하게 된다. 처음 한두 번은 어색하고 제대로 진행되지 않더라도 지속적으로 하게 되면 곧 익숙해지게 되니 걱정 말고 계속할 생각을 하라. 모임이 계속되면 참석자들 가운데 준비와 진행을 나눠 해줄 지원자를 확보하는 것이 좋은데, 이때는 참가비의 면제 등 인센티브를 부여해야 해야 한다.

참가비 등의 비용은 사용내역을 깔끔하게 공개하는 것이 좋다. 남는 돈이 있더라도 따로 모아두기보다 그 자리에서 나눠 갖거나 회식을 하는 등의 방법으로 처리해야 문제의 소지가 없다. 모든 이들을 만족시키기보다 만남의 의미와 명분에 부합되는 이들로 만남이 지속되는 것이 좋다. 서둘지 않되 쉬지 않고 만나라. 그리고 그사이에서 일어나는 불꽃으로 인포프래너 비즈니스의 불길을 활활 지펴라.

메신저가 되어라

세계 최고의 투자가 워런 버핏 회장이 우리나라를 방문했을 때의 이야기다. 세계적으로 손꼽히는 부자인 그가 한국 최고의 호텔에서 주최한 만찬에 어떤 음식이 차려졌을까? 한국 음식 가운데 그를 사로잡은 것은 무엇이었을까? 불고기? 구절판? 혹시 김치찌개? 알고 보니, 서울에서도 대구에서도 워런 버핏 회장은 '햄버거'만 찾았다고 한다. 그것도 맥도날드 햄버거에 반드시 코카콜라를 곁들여서 말이다.

이유는 간단하다. 맥도날드와 코카콜라는 그가 투자한 회사였다. 단 한 사람, 자신이라도 많이 먹어줘야 한다는 철학을 갖고 있었다. 카피라이터는 카피를 써야 할 아이템을 입고 먹고 사용한다. 그래야 그 제품의 속성을 제대로 통찰할 수 있기 때문이다.

인포프래너가 파는 정보상품을 압축하면 단 하나의 메시지만 남는다. 인포프래너는 그 메시지대로 행동하고 살아야 한다. 당신이 허구한 날 소리 높이는 메시지는 무엇인가. 혹시 당신은 그 메시지대로 살고 있는가? 만일 워런 버핏 회장이 코카콜라에 투자해놓고 펩시콜라를 마시면 어떤 일이 일어날까? 그가 햄버거는 몸에 좋지 않다며 먹기를 꺼려한다면?

당신이 당신의 메시지대로 살지 않는다면 당신의 고객이 당신의 메시지를 사야 할 필요를 느끼지 못할 것이다. 고객과 만나는 자리에서 고객에게 보여주어라. 당신이 당신의 메시지대로 얼마나 잘살고 있는지를. 그날 이후 당신에 대한 고객의 신뢰가 더 한층 높아졌음을 깨닫게 될 것이다.

Information mation
Entre Preneur

Distinguish

'밀면 밀린다!'
즉, '만든다, 마케팅한다, 팔린다' 이것이 바로 얼마 전까지의 비즈니스 패러다임이었다.
하지만 모든 것이 흔해빠진 요즘엔 만들어도 팔리지 않고
밀어도 밀리지 않고 마케팅해도 설득당하지 않는다.
고객 스스로가 제품에 매혹당하지 않으면 아무리 싼값이라도 사지 않는다.
그러므로 무엇을 팔든, 고객이 스스로 매혹당하도록 고객과 소통하는 것이 전부다.
고객과 주거니 받거니 관계를 트고 유지하는 소통에서 가장 중요한 것은,
파는 쪽이 고객에게 매력으로 어필되는 것이다.
제품이자 서비스이자 그 이름 석 자가 등식으로 존재하는 인포프래너가
고객에게 어필하려면 무엇을 어떻게 해야 할까요?

PART 07

인포프래너
매력전략

이름 석 자가
마케팅의 전부

　박시운 선생은 기업고객의 직원들 대상으로 리더십에 관한 강의를 제공하는 명강사다. 하루는 풀죽은 목소리로 코칭을 청해왔다. 참으로 열렬하고 성의 있게 강의하는 모습에 반했던 터라 무슨 고민이 있을가 싶었다. 박시운 선생의 고민인 즉, 누구 못지않게 열심히 강의하고, 어디든 마다않고 달려가서 강의하고, 심지어 다른 강사가 사정상 못하게 된 강의도 군말 없이 메워주는 등 교육 담당자들의 비위를 맞춰주는데도 몸이 바쁜 만큼 돈이 되지 않는다는 것이었다.

　더 자세히 살펴보니 박시운 선생은 자기만의 주특기라 할 수 있는 리더십에 대한 강의에 집중하기보다 기업에서 그때그때 필요로 하는 거의 모든 내용에 대한 강의를 제공했다. 강의료도 기업에 부담이 되면 계속 찾아주지 않을 것이라는 생각에 기업에서 정한 만큼만 받고 있었다.

박시운 선생은 내가 부럽다고 했다.

"송 선생님은 저보다 훨씬 적게 강의하는데도 저보다 훨씬 많은 강의료를 받으시잖아요?"

나는 코칭료며 강연료를 블로그에 공지해두었는데 그것을 눈여겨본 듯했다. 그래서 나는 이렇게 대답해주었다.

"제가 기업에 제공하는 강의는 창의적으로 생각하고 매혹적으로 표현하기 위한 노하우, 단 하나에 한해요. 이 노하우에 관한 한 전 다른 어떤 강사보다 전문적이고 그 전문성을 교육담당자들이 알아줘요. 그 때문에 그와 관련된 강의가 필요할 때 그들은 나를 떠올리고 나에게 섭외하는 거죠. 때문에 나는 강의료와 강의 일정을 내가 결정하는 권리를 갖게 되었어요."

하지만 박시운 선생의 경우, 특정 교육 프로그램의 적임자로 박시운이라는 이름을 떠올리기 어려운 상황이기 때문에 강의료에 대한 결정권이 없는 것이라고 설명을 해주었다. 박시운 선생이 눈을 빛내며 되물었다.

"결국 선생님 말씀은 이름값을 하라는 것이군요?"

고객이 가장 먼저, 유일하게 떠올리는 이름이 되어라

인포프래너로 출사표를 던지고 나면 눈앞에선 동시에 비즈니스 정글이 펼쳐진다. 비즈니스인 이상 고객에게 홍보하고 마케팅하며 영업도 해야 한다. 그런데 특별한 재능을 정보상품으로 팔겠다고 벼르는 이들에게서 발견되는 공통점이 있다. 이른바 '전문가증후군'으로, 흔히 지적되는 전문가들의 결점이기도 한데 홍보나 마케팅에 취약하다는 것이다.

스스로를 홍보하고 마케팅하는 일에 취약하다는 태생적인 한계에다 몇 년 전부터 경기는 또 어떤가? 2018년 현재, 경기는 또 어떤가? 회복이란 말을 입에 올릴수 없을 만큼 나락으로 떨어지는 중이다. 또 소비자들은 콘크리트 같아서 아무리 마케팅 공세를 퍼부어도 꿈쩍도 하지 않는다. 어떤 상품이든 흔해 빠진데다 정보에 밝고 사용 후기까지 공유하며 묻고 따지고 하는 데 능통하다. 게다가 요즘은 살얼음판 같은 불황이 계속되는 시기다. 그런데 어쩌자고 인포프래너는 돈 한 푼 들이지 않고 비즈니스를 할 수 있다는 걸까? 어떻게 해야 비즈니스 정글에서 살아남을 수 있다고 큰소리칠 수 있을까?

역설적이게도 그 요인은 바로 콘크리트처럼 단단하고 물샐틈없는 소비자다. 마케팅과 광고에 아무리 돈을 쏟아 부어도 별 재미를 볼 수없는 비즈니스 환경 또한 제2의 성공요인이다. 제품이든 서비스든 모든 것이 흥청망청 넘쳐나는 시대 조건도 한몫한다.

이런 환경에서 콘크리트로 무장하는 소비자들은 제품이나 서비스 각 분야에 대해 각각 단 하나씩의 회사만을 허락한다. 어느 정도인가 하면, 소비자가 제품구매를 위해 방문하는 매장의 숫자가 1980년대에는 3.5개, 1990년대에는 2.8개였던 것이 2007년에는 1.3개로 줄어들었다. 10년이 더 지난 지금은 심지어 홈쇼핑으로 자동차까지 판매한다. 구매 패턴이 아예 매장에서 제품을 구경하고 온라인에서 가격을 비교하여 구매하는 형태로까지 변화했다. 방문하는 매장의 숫자가 한 곳이라는 이야기는 하나의 아이템별로 단 하나의 매장만 방문한다는 뜻이며, 또 매장 방문 없이 온라인에서 구매가 이뤄진다는 것은 상품이든 서비스든 고객이 찾는 단 하나의 존재가 되지 못하면 그 비즈니스는 하나마나란 결론에 도달한다.

인포프래너로서 비즈니스에 임하는 당신에게 주어지는 첫 번째 임무는 당신의 잠재고객의 뇌리에 해당 분야 유일한 존재로 당신의 이름을 인식시키는 것이다. 이렇게 특정분야에서 고객이 맨 처음, 그리고 유일하게 떠올리는 존재 혹은 이름을 나는 '퍼스널브랜드'라 부른다. MP3 하면 아이팟을 떠올리듯 고객이 어떤 노하우나 도움이 필요할 때 당신을 떠올리게 된다면 당신은 고객의 선택을 받은 유일한 브랜드가 된다. 이것이 바로 퍼스널브랜드다.

자, 당신의 과제는 더욱 단순해졌다. 한마디로 퍼스널브랜가 되는 것이다. 당신의 이름값을 먼저 챙기는 것이다. 그리고 이름값을 하는 것이다.

애플, 페이스북처럼 인포프래너는 이름이 브랜드

"당신에 대해 그렇게 길게 이야기해야 합니까?"

한 자동차 광고의 문구였지요. 아무리 좋은 것을 많이 지녔다하더라도 길게 아주 길게 설명을 늘어놓아야 한다면, 그런 뒤에야 겨우 당신을 알아준다면, 전쟁을 불사하는 비즈니스에서는 패자일 뿐이다. 그렇게 길게 이야기하는 대신 한마디, 당신의 이름 석 자면 다 설명이 되도록 만들어야 한다.

인포프래너로 활약할 때 가장 어려운 점은 누구의 도움도 받을 수 없게끔 철저하게 혼자라는 것이다. 고객을 찾을 때도, 그에게 제시할 해법을 만들 때도, 그것을 정보상품으로 꾸밀 때도, 또 그것을 고객에게 제안할 때도, 철저하게 혼자 해내야 한다는 것이다. 회사에 다닐 때는 어느 회사 소속이라는 간접적인 힘이나마 발휘할 수 있었지만, 이름 석 자뿐인 인포프래너는 의지할 것이라곤 아무도 없는 고립무원이다.

하지만 위기란, 위험해서 그렇지 분명 기회의 일부분이다. 이번 기회에 당신도 이름 석 자를 마키아벨리나 모택동처럼 형용사로 쓰이게끔 만들어보라. 당신의 이름이 당신의 고객들 사이에서 특정 분야의 대명사로 언급되기만 한다면 그 뒤에는 마케팅도 홍보도 필요 없게 된다. 당신의 이름으로 브랜드를 만드는 것이다. 그것도 그냥 브랜드 말고, 시대를 초월해 계승되는 명품브랜드를 욕심내자. 그리해서 당신의 이름이 샤넬처럼 페라가모처럼 100년이고 200년이고 전승되게 해라. 브랜드화된 당신의 이름 석 자는 가장 빠른 시간에 해당 분야의 유일한 최고봉, 오리진의 지위를 선물한다. 그 속에는 고객이 선물하는 권력이 숨어 있기도 한다.

다음은 한 수필집의 저자에 대한 소개 글이다. 제법 긴 이 글이 누구를 소개하는지 한번 알아 맞춰보자. 이 수필집을 사는 독자들은 저자에 대한 긴 소개의 글이나 내용이 어떠한지, 어떻게 쓰였는지 주도면밀하게 분석해서가 아니라, 이렇게 소개되는 사람의 이름 때문에 책을 산다. 그는 누구일까?

1949년 교토에서 태어났다. 1968년 와세다대학교 문학부 영화과에 입학, 당시 일본 전역을 휩쓴 학생운동에 빠져 7년 만에 대학을 졸업했다. 1979년 《바람의 노래를 들어라》로 군조신인문학상을 수상하며 문단에 데뷔했고, 1982년 첫 장편소설 《양을 쫓는 모험》으로 노마문예신인상을, 1985년에는 《세계의 끝과 하드보일드 원더랜드》로 다니자키 준이치로상을 수상했다. 1987년에 《상실의 시대(원제:《노르웨이의 숲》)》를 발표, 유례없는 베스트셀러 선풍과 함께 신세대 문학이라는 새로운 방향성을 제시하며 세계적 작가로 알려지게 되었다. 1994년 《태엽 감는 새》로 요미우리 문학상을 수상했고, 2005년 《해변의카프카》가 아시아 작가의 작품으로는 드물게 〈뉴욕타임스〉 '올해의 책'에 선정되었다.

그 밖에도 《어둠의 저편》 《도쿄 기담집》 《국경의 남쪽 태양의 서쪽》 《1Q84》 《먼 북소리》 《우천염천》 《달리기를 말할 때 내가 하고 싶은 이야기》 등 많은 소설과 에세이가 전 세계 독자들의 사랑을 받고 있다. 한편 2006년에는 '프란츠 카프카상'을 수상했고, 2009년에는 이스라엘 최고의 문학상인 '예루살렘상'을 수상하며 그의 작품성을 인정받았다.

해마다 노벨문학상 후보로 이름이 들먹여지는 일본의 소설가 무라카미 하루키다. 인터넷서점에서는 예약판매가 성행하는데, 책이 나오지 않았어도 저자 이름만으로 팔리는 책이 대상이 된다. 그가 쓴 책이 곧 나온다니까 불문곡직, 그냥 사고 보는 것이다. 이 것이 이름 석 자만으로 가능한 브랜드의 위력이다.

영어사전에서 '마키아벨리안(Machiavellian)'을 찾으면 형용사로 사용되며 '마키아벨리 같은, 권모술수에 능한'이라는 설명이 나온 다. 역사상 중요한 영향을 미쳤거나 성과를 낸 인물들의 이름 석 자가 형용사가 된 사례다. 비슷한 경우로 마오이스트(Maoist), 프로 이디안(Freudian)이라는 말이 사전에 있고, 각각 '모택동사상의' '무 의식을 드러내는'이라는 의미의 형용사로 사용된다. 당신 역시 당 신의 이름 석 자를 브랜드로 만들어 당신 분야의 형용사로 되게끔 해야 한다.

브랜드로 인식되는 이름 석 자는 가장 간단하면서도 가장 유력 한 마케팅의 수단이다. 요즘엔 영화가 시작할 때, 그리고 엔딩 크 레디트에 큼직한 글씨로 감독의 이름이 뜬다. 예를 들어 이런 식이 다. [강우석 감독 작품]. 이는 강우석 감독이 만들었으니 묻지도 따 지지도 말고 봐야 한다는 의미 아닐까? 아마 스폰서들은 이 영화 에 '묻지도 따지지도 않고' 투자했을 것이다. 강우석 감독이 만든 다고 했으니 말이다. 만일 당신의 이름이 강우석 감독처럼 퍼스널 브랜드가 되고 나면, 당신은 당신의 정보상품에 대해 말할 자격을 갖게 될 것이다. 당신의 이름 석 자가 제품이자 마케팅인 것이다.

호객 말고 유혹!
모객 대신 매혹!

　영화 〈최종병기, 활〉을 보았는가? 움직이는 적에게 활을 쏘아 공략하는 신기를 지닌 궁수의 모습이 잘 그려졌다. 영화를 보면서 나에게도 '고객을 일일이 공략할 수 있는 능력이 있으면 좋겠다'하는 생각이 들었다. 하지만 이내 생각을 바꾸었다.

　"고객은 활로 쏘아 맞히는 적이 아니다. 고객은 공략해야 할 대상이 아니다. 그러기엔 고객이 알고 있는 좋은 것들이 너무 많기 때문에. 또한 고객이 너무나 많은 것을 알고 있기 때문에. 고객들 스스로 선택과 판단을 너무 잘하기 때문에."

　활을 쏘아 적을 맞히듯이 하는 마케팅방법은 '호객행위'다. 인포프래너에게 호객행위는 금물이다. 인포프래너는 당신을 파는 일인데, 당신이란 존재가 아무에게나 되는 대로 팔아버리기만 하면 되는 그런 정도인가? 뉴욕의 애플 매장 앞에서 짧은 치마를 입고 춤을 추며 애플 제품을 사라고 호객하는 것을 보았는가? 세상에 어느 가치 있는 상품이 호객행위를 하는가? 에르메스라는 명품 브랜드를 보라. '수천만 원짜리' 핸드백을 사겠다고 고객들이 매장 앞에서 장사진을 치고 몇 개월씩 기다리지 않는가?

인포프래너인 당신도 그런 명품들처럼 고객이 스스로 반해 찾아오고 기다리게 해야 한다. 스스로 선택한 것에 대해서는 누구나 마음을 잘 바꾸지 않는 법이다. 누구든 자신의 선택에는 책임지려고 하는 법이다. 그러려면 많은 것들 사이에서 두드러지는 선망의 대상이 되어야 한다. 남다른 철학과 가치관을 지녀야 하며 고객이 그것을 잘 알도록 해야 한다.

"열심히 하다 보면 잘될 것이고, 그렇게 계속하다 보면 저절로 이름이 알려지는 게 아니겠습니까?"

이렇게 되묻고 싶은 이들도 많을 것이다. 맞는 말이다. 세상에 열심히 하는 이를 당해낼 장사가 없다. 하지만 전제가 있다. 고객이 당신을 찾아내고 지켜봐준다는 전제가 필요하다. 또 그 과정에서 당신이 참으로 열심히 하고 있다는 것을 고객들이 알아준다는 전제 말이다. 하지만 모든 분야에서 전문가가 지천인데, 왜 고객들이 하필이면 당신을 골라 당신의 성장을 지켜보고 있겠는가? 그렇잖아도 고객은 수많은 대안들을 놓고 고르기도 힘든 판인데. 이럴 때는 약간의 전략이 필요하다.

장사의 관건은 목을 잘 고르는 것이다. 인포프래너 비즈니스에도 '장사목'이라는 게 있다. 분야를 잘 골라야 한다는 것이다. 식인

상어가 득시글거리는 레드오션을 버리고 당신을 위한 당신만의 바다, 블루오션에서 당신이 홀로 돋보이는 존재로 고객에게 어필해야 한다는 이야기다. 브랜드로 고객의 뇌리에 기억된다는 것은 그 분야에 관한 한 고객이 당신 아닌 다른 누구도 떠올리지 않게끔 만든다는 것을 의미한다. 이렇게 되면 당신에겐 경쟁자를 의식한 제반 노력을 고객에게 쏟아 부을 수 있고, 고객은 그런 당신에게 더욱 열광할 것이다.

독자의 뇌리에 하나의 고정관념으로 존재하라

살림살이를 좋아하고, 그러다 보니 남다른 살림법을 개발하고 응용하는 것을 즐기다가 그 노하우를 정보상품으로 팔기 시작하고 급기야는 세계적인 기업으로 일궈낸 마샤 스튜어트. 평범한 주부였던 그녀의 이름은 이내 기업의 이름이 되었다. 마샤 스튜어트는 그 비결에 대해 자신을 전문가로 내세우는 것이 가장 중요하며, 가장 큰 마케팅이라고 강조한다. "어떤 분야에서 전문가가 된다는 것은 작은 부분까지 신경을 쓰고, 소비자들의 필요와 욕구에 항상 귀를 기울인다는 것을 뜻한다."면서 말이다. 또한 그녀는 "일단 전문가라고 생각하면 그런 타이틀을 유지하기 위해 노력하게 되는데, 바로 그런 노력이 전문가를 만들어내는 선순환의 이치"라고 친절한 설명을 보탰다.

브랜드를 구축하는 일, 즉 브랜딩이란 작업에 성공하면 당신의 고객은 당신이 서비스하는 분야를 떠올릴 때마다 당신의 이름을 반사적으로 떠올리게 된다. 이렇게만 된다면 인포프래너로 출발한 뒤 세일즈나 마케팅에 시간과 돈과 노동력을 투입하지 않아도 될 것이다. 반면 고객이 당신이 아닌 다른 사람을 먼저 떠올린다면 당신의 앞날에 경고등이 비춰지는 것이나 다름없다. 고객의 선택을 당신에게 돌려놓기 위해 많은 돈과 시간과 노동력을 투입할 수도 있겠지만 결과를 장담할 수 없다.

이 노력은 고객의 뇌리 속에 스티커처럼 붙어버린 고정관념을 향해 무모한 싸움을 벌이는 것이나 다름없기 때문이다. 이럴 때는 차라리 경쟁자가 드문 분야를 찾아내거나 개척하라. 유의할 것은 새로운 분야라서 경쟁자가 드물다고 해서 무조건 승산이 있는 것은 아니라는 점이다. 객관적인 새로움이 아니라, 고객의 입장에서 어떤 새로운 가치로 인식되느냐가 정말 중요하다. 승리를 거둔 제품이나 서비스를 살펴보면 전에 없던 새로운 것인 경우보다는 기존에 있었던 것, 익숙한 것을 새로운 접근법을 통해 새로운 가치를 제공한 경우가 훨씬 많다. 여기서 말하는 새로운 접근법이 인포프래너의 '장사목'이며 세 가지 요건을 충족해야 한다.

인포프래너 장사목 조건 1. 고객 가슴에 첫사랑으로 자리 잡으라.
인포프래너 장사목 조건 2. 다 버리고 핵심에 집중하라.
인포프래너 장사목 조건 3. 단 한마디로 표현하라.

이제 이 세 가지 요건을 자세히 살펴보겠다.

인포프래너 장사목 조건 1
고객 가슴에 첫사랑으로 자리 잡으라

페이스북을 만들어 큰 부자가 된 마크 주커버그. 창업 당시 자신의 사업에 대해 설명하던 일화다.

"개인 페이지를 만들어 취미나 자기소개, 친구를 써넣으면 온라인으로 방문해서 보는 거지. 친구 신청을 해서…"

후에 동업자가 된 친구가 그의 말을 자르고 물었다.

"마이스페이스나 프렌스. 그런 것들과 뭐가 달라?"

마크는 기다렸다는 듯 거침없이 대답한다.

"다른 것과 다른 큰 차이라면 비개방성이지!"

고객에게 당신의 비즈니스에 대해 설명하다 보면 고객들도 당신에게 물을 것이다.

"기존의 것들과 무엇이 다른가?"

이런 질문을 받으면 당신은 주커버그가 그러했듯이 "지금까지의 것과 다른 큰 차이라면 한마디로 이것이다!"라고 단호하게 말할 수 있어야 한다. 그러기는커녕 만일 "경쟁상품들은 이래서 안 좋고요, 저래서 나쁘고…" 하는 식으로 당신의 답이 길어질 뿐, 고객이 원하는 답을 내놓지 못한다면 고객은 그 길로 당신과 영영 멀어지고 만다. 한 번의 기회를 이렇게 허망하게 놓치고 말면 그 기회를 되돌리기에는 천만금의 비용이 들지도 모른다. 그나마 고객이 이렇게 묻기나 하면 다행이다. 슬그머니 다가와 들춰보고 만져보고 알아보고 물어보고는 '다를 게 없네' 하며 멀어지기 다반사다. 고만고만한 것이 흔해빠진 세상이니까. 인포프래너 장사목의 제1조건은 '차이를 구현하라'다.

경쟁자와는 전혀 다른 경험을 전하라

2011년 송출된 팟캐스트 〈나는 꼼수다〉는 지금도 막강한 팬덤을 자랑할 만큼 젊은 층 사이에서 큰 인기를 끌었다. 대체, 이 프로그램의 인기 비결은 무엇이었을까? 잘해서? 물론 잘하기도 했을 것이다. 그런데 무엇에 비해 얼마나 잘한 걸까? 내가 생각하는 그 비결은 '차이'다. 정치에 대해 말하고 보여주는 여타의 콘텐츠에 비해 전혀 다른 것을 경험하게 해주었기 때문에 그 차이를 경험한 이들이 열광했을 것으로 짐작한다.

김치명인 강순의 씨가 비즈니스를 하게 된 것은 집안의 생계를 떠맡기 위해 시어머니에게 배운 폐백 음식을 대행하면서부터다. 돈을 벌어야 하는데 할 줄 아는 게 없어 시어머니께 배운 음식 솜

씨로 폐백, 이바지 음식을 만들어 팔았는데, 곧장 입소문이 났다고 한다. 과연 어떻게 만들었기에 그랬을까?

"폐백, 이바지 음식은 경제사정에 따라 가짓수가 달라요. 보통 사람들은 9~11가지를 만드는데, 여유 있는 사람들은 20가지를 넘겨요. 내 음식이 호평 받은 건 육식·해물·떡·한과 같은 것 외에 김치를 포함했기 때문일 겁니다. 백김치, 물김치, 동치미 등을 추가했는데 받아보신 분들이 '이런 김치 맛은 60 평생 처음 봤다'며 단골이 되셨어요. 그러면서 김치 주문이 늘었고요."*

누군가 당신에게 "당신의 정보상품은 다른 것과 어떻게 다른가요?" 하고 묻는다면, 강순의 씨처럼 망설임 없이 즉석에서 바로 답할 수 있는가? 경쟁에서 이기려면 '차별화'를 꾀해야 한다는 조언을 많이 한다. 나는 차별화가 아니라 차이를 만들어내라고 '강요'한다. 차별화란 상대적으로 나아보이게 만드는 노력인데 비해 차이란 결정적으로 다르게 인식되는 무엇을 말한다. 누가 어떤 경우에서도 확연하게 '다름을 인식' 하는 것이 바로 차이다.

> 케이스 A
> 고객 : 뭘 하시나요?
> 나 : 책을 쓰게 하고 글을 잘 쓰게 해 자기 파워를 갖게 하고 블로그도 잘 쓰게 하고….
> 고객 : ????

---

*〈조선일보〉 기사 중에서

케이스 B
고객 : 뭘 하시나요?
나 : 평생현역으로 살도록 돕습니다.
고객 : 어떻게 하면 그렇게 되는데요?
나 : 우선 책을 쓰시는 겁니다. 퍼스널브랜드에 기반해서요. 그러려면….

A의 경우, 시큰둥한 자세로 듣는 둥 마는 둥 하는 고객의 모습이 그려진다. 반면 B의 경우 호기심이 동한 고객이 내 쪽으로 몸을 기울여 듣는 모습이 그려진다. 이처럼 내가 무엇을 하는지가 명료하면, 즉 차이가 분명하면 고객에게 나를 어필하는 일이 참으로 수월해진다. 차별화가 아니라 차이를 구현해야 한다고 강요하는 명분이 바로 여기에 있다.

고객에게 첫사랑으로 각인되기

다양한 다량의 정보가 무차별하게 흘러드는 빅데이터의 시대에 사람들은 많은 것을 기억하지 못한다. 자신이 필요로 하는 것에 대해 분야마다 기껏 한두 가지를 기억할까? 이런 고객에게 선택받으려면 버리고, 없애고, 깊고 좁게 당신을 집중해야 한다. 그리고 궁극적으로는 당신의 이름이 해당 분야 최고의 해결사로 인식되게끔 해야 한다.

그러기 위해서는 첫째도 최초, 둘째도 최초, 셋째도 최초, 즉 그 분야 '최초의 인포프래너'로 알려져야 한다. 첫사랑의 연인처럼,

고객의 뇌리는 물론 가슴과 마음에 평생 자리 잡아야 한다. 만일 고객에게 당신의 이름이 두 번째나 열 번째로 떠오른다면 인포프래너로 활약하겠다는 당신의 꿈은 아슬아슬하다.

'맨 처음'이라는 말이 반드시 물리적인 순서를 의미하지는 않는다. 비록 다른 이가 업계에 최초 등장했다고 하더라도 고객의 뇌리에 첫사랑으로 자리 잡지 못했다면 그는 '최초'가 아니다. 사람들의 인식은 '현실'이 아니라 '인식'으로 지배된다.

나 역시 그랬다. 나는 책쓰기를 코칭하는 분야에 관한한 국내 최고라는 자부심을 가지고 있다. 많은 사람들이 책을 쓰거나 책쓰기와 관련해 어떤 시도를 하려 할 때 나를 떠올리는 경우가 많다. 그런데 나는 이 분야의 최초이긴 하지만, 책쓰기라는 책을 낸 최초는 아니다. 책쓰기에 대한 최초의 책은 다른 저자의 것이다. 나는 책쓰기 책을 두 번째로 냈지만 책 출간 이후 '책쓰기를 통한 평생현역'을 코칭하는 데 모든 활동을 집중함으로써 책쓰기에 관한한 최초로 고객들의 인식에 새겨졌다.

당신의 인포프래너 비즈니스가 다른 이의 것과 확연히 차이가 나도록 하는 일은 비즈니스를 설계하는 과정에서 시작된다. 앞서 인포프래너 비즈니스가 가능한 자신의 재능을 탐색했고, 고객이 될 만한 이가 누구인지 찾는 과정도 거쳤다. 그 결과 당신에게는 이런 아이템이면 될 것이라는 가설이 생겼을 것이다. 그 가설에 대해 다음과 같이 질문해보자. 하나 이상 OK를 받는다면 당신의 인포프래너 비즈니스는 확연한 차이를 구가할 수 있다. 만일 모든 질문에 대해 OK를 받는다면 당신의 인포프래너 인생은 승승장구할 것이다.

1. 새로운 분야를 창출했는가?
2. 새로운 기술을 처음 사용했는가?
3. 새로운 혜택을 주장한 첫 번째인가?
4. 새로운 고객을 대상으로 한 첫 번째인가?
5. 새로운 제공자임을 강조한 첫 번째인가?

이 질문은 이미 남들에 의해 점령된 시장에 뒤늦게 뛰어들지 말고, 당신에게 유리한 영역에서 시작하라는 요구다. 아예 새로운 영역을 만들어 출발한다면 당신은 시작도 하기 전에 이긴 것이다.

일본인 야마시타 히데코 여사는 정리정돈의 달인이다. 평범한 주부로 집 안을 정리정돈하면서 마음공부가 따로 없음을 알게 되었고, 그 노하우를 정보상품으로 만들어 팔기 시작하면서 인포프래너가 되었다. 이제 그녀는 세계 최초의 정리기술인 '단샤리' 전문가로 일본 전역에 걸쳐 세미나를 열고 있다. 이 경우 정리정돈의 기술을 마음공부에 연결한 '새로운 분야를 창출한' 사례다.

우유는 브랜드에 따라 큰 차이를 느끼지 못하는 상품이다. 그런데 서울우유는 기존의 유통기한에 제조일자를 함께 쓰는 시도를 해 눈길을 끌었다. 기왕이면 만든 지 얼마 되지 않은 우유를 먹고 싶은 고객의 바람을 포착한 덕분이다. 이는 '새로운 혜택을 주장한 첫 번째' 사례다.

나는 책쓰기를 코칭할 때 검증된 도구인 프레임워크시트와 인터넷 카페를 활용한다. 이 도구를 활용하면 더 빠르게, 더 적확하게 고객의 콘텐츠를 추출할 수 있다. 이는 '새로운 기술을 처음 사용'함으로써 '차이'를 구현한 경우다. 또한 나의 책쓰기 코칭은 학자나 작가, 저명인사 등 기득권층의 전유물로만 여겨오던 책쓰기의 가능성을 '누구나'에로 돌려세워 새로운 고객층을 대상으로 한 서비스다.

나는 잠재고객의 뇌리에 책쓰기라는 키워드로 맨 처음 자리 잡은 행운아지만, 천년만년 선두주자란 있을 수 없다는 생각에 늘 이러한 차이를 고수하고 있다. 그런가 하면 '자신을 제삼자의 눈으로 관찰하는 것만으로 모든 고통이 해결된다'는 내용의 정보상품을 내놓은 김상운 선생은 현직 언론인이다. 이런 종류의 콘텐츠는 그동안 명상이나 마음공부 전문가들이 제공해왔는데, 특종기자로 이름 날려 온 이가 제공했다는 점이 '첫 번째' 효과를 발휘한다.

당신의 영역은 어느 쪽인가? 어떤 점에서 첫 번째인가? 사례를 들여다보면 내가 1등 할 수 있는 최초의 분야를 만들어내는 공식을 찾을 수 있을 것이다. 바로 다음과 같은 공식이다.

기존의 분야 + α = 새로운 영역

여기서 $α$는 새로운 영역을 만들어내는 데 결정적인 특별한 요소를 말한다. 같은 영역의 다른 이와 확연하게 차별되는 역량, 즉 필살기다. 이 α 요소는 연구의 결과이거나 그 결과로 생겨난 솔루션이거나 특별한 도구인 어떤 것이다. 또 임상으로 증명된 전문적인 역량이다. 요는 형식적인 차이, 일방적인 주장으로서의 α 가 아니라 실질적이고 확실하며, 고객 입장에서도 그 차이가 인정되는 α 여야 함을 잊지 말라. 인포프래너 몇 분의 사례를 이 공식에 대입해 역산해볼까?

명상전문가 김범진 선생은 마음을 다스리는 방법론의 하나인 명상을 코칭프로그램에 접목해 CEO들에게 명상코칭을 전수하는 '최초'다. 그는 명상 분야의 '최초'가 아니며, '코칭' 분야의 최초도 아니지만 명상코칭이라는 새로운 영역의 창시자가 되었다.

기존의 분야	α	새로운 영역
명상	코칭	명상코칭

건축사 강미현 선생은 젊은 커플들에게 그들의 첫 보금자리를 재산 가치를 지닌 '집'이 아니라 '미래를 창조하는 산실'로 만들어 준다. 강미현 선생은 최초의 건축사도 아니고, 최초의 신혼집 전문가도 아니지만, 미래를 창조하는 산실을 '코쿤'이라 부르는 코쿤크리에이터로서는 최초다.

기존의 분야	α	새로운 영역
건축설계	집에 대한 개념의 혁신	코쿤크리에이터

인포프래너를 인큐베이팅하며 가장 애먹는 과정이 바로 이 대목이다. 그 분야 '최초'가 되려고 새로운 시장을 열어 진출하는 데 따른 부담을 감당하느니, 열 번째든 백 번째든 상관없으니 그냥 가겠다는 것이다. 열심히 하다 보면 길이 열리겠지 하는 막연한 기대감이 그 자리를 대신한다. 물론 이런 사람의 경우 책쓰기도, 그를 기반으로 한 인포프래너로의 새 출발도 흐지부지된다. 고객의 눈은 맵다.

인포프래너 장사목 조건 2
다 버리고 핵심에 집중하라

'스티브 잡스가 인정한 유일한 전기'라는 수식어에 매혹되어 영어사전보다 크고 두꺼운 책을 단숨에 읽었다. 책을 다 읽고 났을 때 발견한 것은 인텐시브(Intensive)라는 영어 단어였다. 사전을 찾아 그 뜻을 종합하면 '치열하게 집중하는' '철두철미하게 집중된'이라고 번역할 수 있다.

스티브 잡스는 삶도 일도 이 단어처럼 살았다. 단 하나의 생각에 집중하고 그 생각에 철두철미하게 집중한 삶이었다. 그 결과, 그의 참신한 표현을 빌리자면 '이 세상에 흔적을 남길 수 있었다.' 당신이 다른 어떤 이와도 확연히 차별되는 차이를 지닌 인포프래너가 되려 한다면 당신 또한 당신의 생각과 행동, 즉 모든 삶이 하나의 목표에 모아져야 할 것이다. 인포프래너 장사목의 제2 조건은 핵심 하나 만을 남기고 다 버리고 집중하는 것이다.

애플 제품의 70%를 버린 스티브 잡스

자신이 창업한 회사에서 쫓겨나 전전하던 잡스 회장이 천신만고 끝에 복귀했을 무렵, 애플에는 제품들이 수없이 많았지만 잡스가 보기에 고만고만한 제품들이었을 것이다. 그의 전기에 따르면 매킨토시만 해도 10개 버전의 제품이 있었고, 각각에는 1400이니 하는 버전 번호들이 복잡하게 붙었었다고 한다. 잡스 회장은 제품들에 대해 3주 동안 설명을 들었는데도 뭐가 뭔지 잘 이해되지 않았다고 한다.

이 사태를 두고 그는 아주 간단하게 생각했다. '내 친구들에게 무엇을 사라고 하면 좋을까?' 질문만큼 간단하게 답이 돌아오지 않는 제품을 모두 없애버렸고, 그 결과 당초 제품의 30%만 살아남았다고 한다. 제품들을 무자비하게 정리해고 시킨 잡스 회장은 "애플의 똑똑한 인재들이 그런 시시하고 형편없는 제품에 시간을 낭비해선 안 된다."고 일갈했다. 후에 그는 "우리는 우리가 한 것만큼 하지 않은 것도 칭찬받아야 한다."라고 말하기도 했다. 똑똑한 인재들이 30%의 제품에 집중하기 시작하자 애플의 주가는 다시 상승세를 기록했다.

애플의 성공을 지켜본 나이키의 신임 CEO 마크 파커는 부임하기 무섭게 스티브 잡스 회장에게 자문을 구했다.

"당신처럼 성공하려면 어떻게 하죠?"

잡스 회장이 답하길, "나이키는 세계에서 가장 좋은 제품을 만든다. 하지만 형편없는 것도 많이 만든다. 잘하는 하나에 주력하고 다른 것은 버려라."

애초에 구글은 검색에 모든 것을 걸었다. 그러나 차츰 구글헬스, 구글 파워미터 사업까지 확장을 거듭했고, 그러면서 위기에 처했다. 돌아온 공동창업자 래리 페이지는 이 모든 것을 단칼에 날려버렸다. 회사의 핵심역량에 우선 집중하겠다면서 말이다.

인포프래너로 출발하려는 당신은 지금 얼마나 많은 계획들을 세우고 있는가? 하나하나 모두 대단한 결과를 가져올지도 모른다. 하나하나 당신에겐 중요하지 않은 것이 없을 것이다. 그런데 잡스 회장이 살아 돌아와 당신에게 그 가운데 단 하나만 선택하라 한다면 무엇들을 버리고 하나만 남기겠는가?

"내가 반복해서 외우는 주문 중 하나는 집중(Focus)과 단순함(Simplicity)이다."

스티브 잡스가 남긴 주옥같은 어록 가운데 하나다. 그는 집중을 통해 일단 생각을 단순하게 만들 수 있는 단계에 도달하면 산도 움직일 수 있다고 말했다. 그는 애플의 임직원은 물론, 자신에게 조언을 구하는 이들에게조차 집중을 통해 도달하는 단순함에 대해 강조했다. 그는 단 하나 위대한 것을 위해 고만고만한 100여 가지 좋은 아이디어에 '노(No)' 할 수 있다고 강조했다.

나는 십 수년째 70여 일 내외의 일정으로 진행되는 책쓰기 교실을 진행해왔다. 중간중간에 묻곤 한다.

"책을 쓰기 위해 무엇을 하셨나요?"

"그것을 하기 위해 무엇을 하지 않으셨나요?"

첫 질문에 목소리 높여 대답하던 수강생들이 두 번째 질문에는 어리둥절해한다. 무엇을 하지 않는다는 말이 무슨 말인지 모르겠다는 것이다. 그러면 나는 "전에 안 하던 것을 새로이 하게 되었다면 그 시간은 어디서 나올까요? 해오던 것들 가운데 뭔가를 하지 않아야 가능한 게 아닌가요?"라고 부연설명을 해준다.

선택과 집중에 대해 늘 입에 달고 살면서도 우리는 큰 오해를 하고 있다. 선택하고 집중한다 함은 선택한 하나를 위해 다른 것의 비중을 줄이는 게 아니라, 선택한 하나를 위해 다른 것은 버려야 한다는 것이다. 그제야 남은 하나에 대해 진정으로 집중할 수 있는 것이다. 잡스는 이렇게도 말했다. 가장 중요한 결정이란 무엇을 할 것인가가 아니라 무엇을 하지 않을 것인가를 결정하는 것이라고.

버려야 얻는다, 집중의 힘

집중하기란 버리기다. 그 결과 가장 특화된 가장 좁은 틈새를 포착하는 것이다. 이것을 일러 포컬 포인트(Focal point)라고 한다. 크고 맛있는 사과를 수확하기 위해 잔가지를 쳐내고 부실한 열매를 솎아내는 일이 필수이듯 인포프래너로서 당신의 비즈니스도 가장 중요한 한 가지만 남기고 버릴 수 있어야 한다. 고만고만한 가치는 과감하게 줄이고 차이를 구가할 남다른 가치는 극대화해야 한다. 그러기 위해서 우선해야 할 일은 고객을 선택하고(선택하지 않은 고객은 버리고), 그들의 욕구와 문제를 정확히 읽어 그들 고객에게 제공되는 가치를 선택하고(이외의 가치는 버리고), 이에 기반한 비즈니스를 설계해야 한다.

인포프래너로 살다 보면 고객의 요청을 취사하는 극단적인 전략을 구사해야 하는 경우가 드물지 않다. 한 분야에서 조금씩 이름이 알려지면 이웃 분야에서도 러브콜이 들어오기 마련이다. 이때 나를 찾아주는 이가 많다며 흥분해 그들의 러브콜에 춤추기보다는, 차분히 자신을 돌아보고 자신의 경쟁력에 비춰 러브콜을 가려 받아야 한다는 것이다.

2010년, 내가 아이의 읽고 쓰기 공부를 시킨 내용을 토대로 《1000일간의 블로그》라는 책을 냈을 때의 일이다. 이 책이 나오자마자 학교며 관련 단체에서 특강을 해달라는 요청이 쇄도했다. 글쓰기 선생은 자기 아이의 글쓰기를 어떻게 지도할까 하는 호기심이 동했을 테니 말이다. 하지만 나는 이 책의 특강을 단 한 번도 하지 않았다. 이 책에 반응을 보여준 학생이나 학부모, 학교 선생님은 인포프래너로서 내 비즈니스의 고객이 아니었기 때문이다. 특강이나 세미나에서 독자를 만나면 그들의 문제나 욕구에 대해 일일이 해답을 제시해야 하는데, 그렇게 되면 새로운 타깃을 연구해야 하는 부담이 너무 컸다.

이렇게 할 수 있었던 데는 그간의 시행착오 덕분이었다. 인포프래너 초기 몇 년 동안 '내가 드디어 먹혔나 보다'는 생각에 불러주는 대로, 하라는 대로 부응하다 보니 역량과 에너지가 분산되어 예상한 만큼의 성과를 거두지 못했다. 지갑은 날로 두툼해졌지만 이름 석 자의 영향력이 줄어들지 모른다는 위기감이 엄습했다. 인포프래너로서의 재량을 한곳에 집중해야 한다는 것을 알게 한 시행착오였던 것이다. 이후 가능한 한 좁게 타깃을 설정하고 이 타깃과 저 자신이 모두 만족하기 위해서는 손실을 무릅쓰고라도 다른 타깃은 포기해야 한다는 사실을 깨달았다. 이러한 노력이 헛되지 않아 지금은 앞서 언급한 박시운 선생이 부러워한 대로 더 적게 일하고 더 많이 버는 인포프래너가 되었다.

당신은 무엇을 취하기 위해 무엇을 버릴 건가?

자, 당신이 고객에게 얼마나 집중하고 있는지, 당신이란 브랜드는 타깃 고객에게 진정으로 집중하고 있는지 알아보자. 다음 문장을 완성해보라. 무엇을 하는지, 하지 않는지까지 포함된 문장을 완성하는 데 어려움이 없다면 당신의 집중은 좁고 깊게 성공적으로 이뤄진 것이다.

> 나는 ○○○를 위해
>
> ○○○하는 인포프래너로서
>
> 비록 ○○○는 아니지만
>
> ○○○하게 함으로써
>
> ○○○하게 하도록 돕는다.

인포프래너 장사목 조건 3
매혹적인 단 한마디로 어필하라

1962년, 존 F. 케네디 대통령은 미국 하원 최초의 여성의원인 클레어 부스루스 의원으로부터 이색적인 주문을 받았다. 부스루스 의원은 "위대한 인물은 한 문장으로 묘사된다."며 링컨의 한 문장 "연방군을 보존하고 노예해방을 이뤘다."와 루즈벨트의 한 문장 "대공황에서 우리를 구제하고 세계대전에서 승리했다."를 사례로 들었다.

바로 이것이다. 고객의 뇌리에 그 분야 첫 번째로 똬리를 틀고 앉아 고객이 피리를 불면 그 즉시 나타나 고객의 문제를 해결하는 인포프래너가 되려면 고객에게 단 한 문장으로 인식되어야 한다.

나는 가수, 나는 꼼수, 당신은 뭐?
"당신은 누구세요?"

강연을 할 때 기습적으로 던지곤 하는 질문이다. 그러면 지목받고 대답을 해야 할까봐 모두들 눈길을 떨군다. 묵묵부답. 이렇게 또다시 물어본다.

"어떤 일을 하세요?"

이번엔 여기저기서 답이 튀어나옵니다.

"교사예요."

"작은 사업을 합니다."

"공무원이에요."

"학생이에요."

"편의점을 하고 있어요."

질문은 여기서 그치지 않는다.

"직업 말고요, 당신이 하는 일이 무엇인지 한마디로 이야기해보시겠어요?"

이번에도 좌중은 조용하다. 나중에 들리는 변명인즉 어렵지 않은 질문인데도 답을 하기에 참으로 고약스럽다고 한다. 내가 원하는 대답은 당신이 하는 일에 이름을 붙여보라는 주문이다. 한국과 프랑스를 오가며 철학하는 정수복 선생님은 스스로를 '전문적인 산책자'라고 말한다. '현실적으로 돈도, 경력도 되지 않는 산책을 천직으로 여기고, 사회와 체내가 요구하는 속도가 아니라 자신의 요구에 맞추어 자신의 리듬으로 걷는 산책을 하면서 '자기만의 순간'을 얻는 것을 삶의 가장 큰 과제로 여기는 사람'이라는 뜻이라고 한다.

가장 일반적인 표현인 '철학자'가 아니라 본디 생각을 위해 산책하는 사람이라는 새로운 정의를 듣고 나면 잊어버리려야 잊을 수 없게 된다. 아울러 이 사람은 나에게도 '사회와 체제가 요구하는 속도가 아니라 자신의 요구에 맞추어 자신의 리듬으로 걷도록' 도움을 줄 수 있겠구나 하는 믿음까지 생긴다. '전문적인 산책자'라고 자신을 설명했을 뿐인데 말이다.

한 학습지 회사에서는 공부를 지도해주는 이를 '두 번째 담임선생님'이라 칭한다. 학교의 담임선생님에 이어 두 번째 담임선생님이라 하니 신뢰와 친근감이 동시에 생긴다. 또 어떤 화장품 회사에서는 판매원을 뷰티컨설턴트라 부른다. 단순히 화장품을 '판매'만하는 것이 아니라 '고객의 아름다움을 상담해주는 전문가'라는 의미를 담고 있다.

당신은 누구인가? 무슨 일을 하는가? 당신이 인포프래너가 된 뒤에는 잠재고객들에게 이런 질문을 받게 될 것이다. 이때 중요한 것은 당신의 일을 특징적으로 설명해줄 뿐만 아니라, 고객이 원하는 것을 고객의 언어로 정의해서 알려줘야 한다. 우리는 앞서 명함을 만들면서, 퍼스널브랜드를 만들면서 이미 여러 번 그 연습을했다.

이렇게 당신이 하는 일과 당신의 정체성에 대해 매혹적인 이름을 붙여주었다면, 이제는 좀 더 구체적으로 당신이 하는 일을 정의해보자. ABC하게 말이다.

Audience : 나의 미래고객은 누구일까?

Benefit : 그들에게 제시되는 가치나 이득은 무엇일까?

Compelling reason why : 거절할 수 없는 명분과 조건은 무엇일까?

ABC하게 당신이 하는 일에 대해 매혹적으로 표현하는 작업은 고객에서 시작한다. 수사적인 표현으로만 매혹적일 게 아니라, 간단명료하지만 그 속에는 당신의 고객이 원하는 것이 그들의 언어로 표현되어 있어야 한다. 그리고 이 한마디는 언제든 어디서든 고객이 당신과 만나는 접점에서 가장 정확한 단 한 줄로 응용되고 표현되어 매번 고객을 매료시켜야 한다.

TV에서 아이폰이나 아이패드 광고를 본 적이 있을 것이다. 두 제품이 가진 힘에 비해 광고는 생각보다 단출하다. 애플에서 만들었든 한국법인에서 만들었든 광고는 기기가 얼마나 새로운지, 대단한지, 얼마나 놀라운 기능을 가졌는지를 설명하지 않는다. 단지 "새로운 기술로 뭘 어쩌라고?" 하고 고객이 반문할 것을 알았다는 듯, 그 대단하고 새롭고 놀라운 기기로 무엇을 할 수 있는지, 그 결과 삶에 어떤 도움이 되는지를 보여줄 뿐이다.

당신도 당신이라는 인포프래너에 대해 구구절절 설명할 게 아니라 본질적인 것을 고객의 필요와 욕구에 호소해야 한다. 정보상품 자체가 아니라 그것으로 고객이 무엇을 할 수 있는지, 고객에게 어떤 의미가 되어주는지를 설득해야 한다. 애플처럼 매혹적으로 자신을 정의하고 표현하는 방식으로 FAB라는 게 있다. FAB는 특징(Feature), 이점(Advantage), 혜택(Benefit)에서 따온 첫 글자를 모은 것으로, 다음과 같이 활용한다.

Feature(이 정보상품은) ~에 관한 것으로 이러한 특징을 지닌다.

Advantage(이 정보상품은) 다른 것과 달리 ~함으로써 ~하게 하는 이점을 지닌다.

Benefit(이 정보상품은) ~한 사람들에게 ~한 이익을 준다.

가령 앞에서 사례로 인용한 채 선생님의 정보상품을 예로 들어 보자.

특징(Feature)	은퇴준비에 대한 모든 것을 한 권의 노트에 담은 압축노하우
이점(Advantage)	베이비부머의 생생한 체험에서 나온 노하우와 통찰을 바탕으로 은퇴준비 노하우를 일목요연하게 정리해, 따라하다 보면 빠짐없이 완벽한 은퇴준비가 가능하다.
혜택(Benefit)	은퇴전후 딱 1년, 52가지의 준비만으로 시행착오 없는 은퇴준비 완료. 이를 기반으로 100세까지 후회 없는 은퇴생활을 누릴 수 있게 된다.

Desire

인포프래너가 되면 지금까지와는 다른 삶을 살 수 있다.
당신이 원해 마지않던 삶을 살 수도 있다. 인포프래너로 살 수 있다면 당신의 직업 인생은
당신의 생명이 다하는 날까지 계속될 것이다. 물론 당신 원한다면 말이다.
또 그 모든 과정을 스스로 결정하고 스스로 누리는 자유로움을 만끽하게 된다.
그리하여 마침내 삶이 주는 절정을 매순간 체험하게 된다.
이것이 당신이 인포프래너가 되어야 할 이유다.
앞에서 인포프래너에 대해 미주알고주알 소개하며 당신 또한 문제없다고 큰소리쳤다.
그렇다. 문제없다. 간절히 원하고 굳게 결심하는 순간 우주는 당신이 향하는 방향으로
문을 열어줄 것이다. 또한 당신 역시 그 방향이 요구하는 조건들을 갖출 것이다.
누가 요구하지 않아도 말이다. 인포프래너로 살겠다는 욕심을
반드시 이뤄내는 더욱 구체적이고 실용적인 몇 가지 방법을 소개한다.

PART 08

인포프래너가 되기 위해
욕심내야 할 것들

인포프래너라는 기업가로
스타일링하라

인포프래너란 말은 '정보'에 '기업가'를 더해 만든 것으로 특정 분야의 지식이나 정보 기술, 노하우를 상품화해 팔거나 서비스하는 일을 하는 1인 기업가라고 설명했다.

그렇다. 인포프래너는 기업가다. 그러니 기업가로 존재하고 기업가로 행세해야 한다. 그래야 세상도 고객도 당신을 기업가로 인정하고 존중하며, 서비스를 공급받는 데 적정한 비용을 지불할 것이다.

사람은 생각하는 것이 전부라고 한다. 그렇다면 인포프래너를 준비하면서부터, 즉 인포프래너가 되기도 전에 이미 당신은 인포프래너여야 하고, 그 마인드와 태도를 갖고 생각하고 행동해야 한다. 그간 고용형 인간으로 세뇌되어 살아온 당신이 기업가의 패러다임으로 무장해야 한다는 뜻이다. 인포프래너로 살아가야 할 당신은 지금 이 순간부터 당신의 정신과 영혼과 몸과 마음, 즉 안팎으로 완벽하게 인포프래너로 스타일링되어야 한다.

기업가로 스타일링하면서 인포프래너로 가는 고속도로에 진입하는 로드맵을 소개하겠다. 인포프래너를 꿈꿀 정도로 이미 한 분야의 전문가인 당신이 확고부동한 스페셜리스트로 자리매김하고, 이름 석 자만으로 그 분야의 대표선수로 거론되어 인포프래너로 시작(Start up)하는 데 요긴한 로드맵이다.

일단 이 고속도로에 진입하면 인포프래너라는 종점까지 내달릴 수 있다. 당신이란 자동차가 낼 수 있는 성능을 최대한 발휘해 종점까지 달려라.

인포프래너 기업가로 스타일링하는 초고속 로드맵

구간 1. 특정한 분야의 경력의 축적

지금 어느 회사나 조직에 속해 있는 당신이라면, 그곳을 떠나기 전에 당신이 목표한 분야에 대한 경력을 쌓는 작업에 좀 더 집중해야 한다. 막상 홀로서면 쫓기는 마음에 부족한 경력을 보완하는 데 신경 쓸 겨를이 없어진다. 이때 '경력'이란 당신이 해온 일이나 업무의 연장선상에서가 아니라 인포프래너로서 당신이 진출하려는 분야와 관련된 것을 말한다.

구체적으로는 해당 분야에 대한 활약상을 더욱 다채롭게 보여주고 그 성과를 창조할 수 있어야 한다. 한마디로 특정 조직에 속해 있더라도 그 분야의 전문가로 널리 알려져 있어야 한다는 것이다. 다음 표의 빈칸을 채워보자. 그리고 다른 이들에게 모니터링을 해보자. 당신의 어느 분야의 전문가로 여겨지는지 알 수 있을 것이다.

이름 / 하는 일		
연락처		
개인미디어		
학력 / 전공		
주요경력		
활동사항		
저서		
특기사항		

구간 2. 시작(Start up)

아직 조직에 머물러 있는 사람이라면 인포프래너로서 새로운 삶을 살겠다는 계획을 가족과 공유하면서 양해와 배려, 도움을 청해야 한다. 가족들과 이러한 시간을 갖지 못해 가족에게 원망과 비난을 듣게 되면 인포프래너를 준비하고 자리 잡는 데 여러 가지로 불편하고 불리하다.

실제로 이런 사람들을 많이 보았다. 이런 이유로 인포프래너로 출발하는 그날까지 퇴직 시기를 늦추는 경우도 보았는데, 이 또한 바람직하지 않아 보인다. 가족에게 계획과 자신감을 피력해 당신을 응원하는 치어리더 그룹으로 활약하도록 그들에게도 기회를 주어야 한다.

이 과정을 지나면 당신은 이내 인포프래너나 다름없다. 그 길을 나서기에 앞서 당신의 '현재'를 점검하자. 장거리 운행을 하기 전 정비센터에서 차를 점검하는 것과 같은 이치다. 당신이 목표한 인포프래너에 필요한 핵심역량을 갖췄는지, 그것을 활용해 원하는 성과를 창출할 만한 핵심기술은 충분한가를 점검하는 것이다.

좋은 조건으로 스카웃되었다며 박수 받고 떠난 이들이 흔적도 없이 사라지는 경우를 왕왕 보게 되는데, 핵심역량을 챙기지 못했기 때문인 경우가 대부분이다. 스카웃한 회사가 핵심역량이라고 평가한 것이 전에 있던 회사의 팀이 전략적으로 받쳐주었기에 가능한 성과였음을 알게 된 뒤에는 이미 늦다.

나야말로 이런 혹독한 경험을 했다. 애초에 나는 잡지기자로 일하며 결혼잡지를 만드는 일에 푹 빠졌었다. 국내에서 출간된 결혼잡지의 거의 대부분은 내 손을 거쳤다. 그 과정에서 결혼산업에 흥미를 느꼈고, 결혼잡지와 그 산업군은 불가분의 관계에 있던 터라 결혼상품을 파는 비즈니스에 자연스럽게 발을 디디게 되었다. 그러다 보니 대기업에서 운영하는 쇼핑몰의 웨딩 비즈니스 파트를 맡게 되기까지 했다.

하지만 결국 그 회사를 뛰쳐나오는 것으로 웨딩 비즈니스에 대한 관심의 행보는 마감되었다. 나의 핵심역량은 미디어 비즈니스에 특화되었던 것임을 뒤늦게 알았던 것이다. 이를 외면하고 웨딩 비즈니스라는 전혀 엉뚱한 데까지 흘러갔는데, 정작 웨딩 비즈니스에 필요한 역량과 기술은 갖추지 못해 그 분야에선 도태된 것이나 다름없다.

다행히 원래의 나의 핵심역량이 빛나는 필드로 돌아올 수 있었고, 인포프래너로 출발할 수 있어서 전화위복이 되었다.

나의 사례를 통해 나는 자신만의 핵심역량을 구축해야 한다고 강조하고 또 강조한다. 또한 남의 일, 남의 분야가 아무리 좋아 보여도 나의 핵심역량이 극대화되는 곳이 아니면 힐끔거리지도 말라고 당부한다.

- **핵심역량 발견 & 콘셉팅하기** : 내가 하고 있는 일이나 업무 자체가 아니라, 지금 당장 누군가에게 어떤 서비스를 제공할 수 있는가에 관한 것이다. 그 서비스는 누구에게 무슨 이득을 주는 것이며, 어떻게 서비스하는가를 구체화하는 것이 핵심역량을 발견하는 작업이다.
- **핵심기술 개발** : 인포프래너 비즈니스를 개시하는 데는 특정 분야의 핵심역량은 물론 그 역량을 상품화 해 서비스하는 핵심기술들도 필요하다.
- **기획 및 제안의 기술** : 글로 자신의 정보상품을 알리고 구매를 제안하는 기획서나 제안서를 자유자재로 써내는 기술이다. 이것은 직장에서 숱하게 해온 일이겠지만, 이제는 기업가로서 자신의 기획과 제안을 팔아야 하는 만큼 인포프래너의 생존에도 크게 기여한다.

- **디지털 활용술** : 이메일 활용, 블로그 운영 등 비즈니스 도구로 디지털을 활용하는 기술이 필요하다. 디지털전문가가 될 필요까지는 없지만 비즈니스에 지장이 없도록 자유자재로 활용하는 기술을 갖춰야 한다.

- **정보상품 제작기술** : 고객의 필요에 입각한 다양한 정보상품을 기획하고 제작하는 데 필요한 기술이다. 출판되는 정보상품의 경우, 원고를 집필하는 데 필요한 기술만 있으면 된다. 다른 모든 과정은 파트너인 출판사에서 진행할 것이다. 블로그로 정보상품을 홍보하거나 공개하는 데 필요한 포스팅 기술도 숙련되도록 해야 한다.

- **영업의 기본과 마인드** : 정보상품을 소개하고 파는 것은 모든 비즈니스의 생존과 직결된 기술이다. 상품을 제안하고 가격을 부르고 팔고 돈을 받고 서비스하는 일련의 기술을 습득해두어야 한다.

- **강의 및 워크숍, 세미나 기술** : 인포프래너로 경력이 늘어나면 전체 매출액이 매우 적은 출판보다는 강의나 워크숍, 세미나 등의 방법으로 정보상품을 판매하는 것이 훨씬 큰 소득군임을 알게 될 것이다.

이러한 요청이 들어오거나 기회를 스스로 만들어서 강연하고 세미나하고 워크숍을 하는데 주저함이 없도록 방법론과 기술을 익혀야 한다. 미리 배워 실행하기보다는 일단 일을 벌이고 수습하는 식으로 거듭해가다 보면 나날이 실력이 늘어나니 너무 걱정 말라.

- **사업상 필요한 마케팅 글쓰기술**: 큰 조직에서 맡은 일만 하다가 자기 사업을 시작한 이들이 모두 부담스러워하는 것이 글쓰기를 필요로 하는 일이 생각보다 많다는 것이다. 전단지 만들기, 홈페이지 만들기, 상품 소개 글쓰기, 간판이나 명함에 들어가는 글귀조차 직접 써야 한다는 것을 뒤늦게 알게 되는 것이다. 인포프래너인 당신도 예외가 아니니 마케팅 글쓰기에 대한 방법을 배우고 훈련해두어야 한다.
- **자기상품화 포장기술**: 사업상 필요한 마케팅기술의 일부분이지만, 인포프래너에겐 다른 어떤 마케팅기술보다 중차대한 영역이 자기 자신을 상품화하고 포장하는 기술이다. 자신을 객관적으로 파악해 매력적으로 포장하는 일은 참으로 어렵다. 책이나 워크숍을 통해 그 기술을 배우거나 전문가로부터 코칭이나 컨설팅을 받는 것이 빠른 방법이다.

구간 3. 인포프래너 기획안(Inforpreneur planning)

두 번째 구간을 통해 핵심역량을 확립했다면 이번에는 그것을 상품화하고 포장하는 브랜딩작업을 해야 한다. 인포프래너의 브랜딩작업은 브랜드 설계 – 브랜드 정의 – 브랜드 구동의 3단계로 이뤄진다. 브랜드 설계란 포착한 차별적 경쟁우위의 핵심역량을 타깃 고객의 욕구나 필요에 맞춰 포지셔닝하는 것이다. 앞에서 언급한 3Rs데이터 작업을 거쳐 포지셔닝 시트를 만들어보자.

포지셔닝 시트 4W는 고객을 정의하는 Who, 정보상품을 정의하는 What, 정보상품의 이득을 정의하는 WIFM, 정보상품 공급자로서 명분과 가치를 정의하는 Why you를 의미한다.

다음 단계인 브랜드 정의는 이렇게 설계된 브랜드를 포장하는 작업을 말한다. 브랜드가 갖는 가치를 고객이 쉽게 알아차리도록 고객 친화적으로 포장하는 일련의 작업은 콘셉트 프로파일링, 키워드, 미션과 비전, 브랜드네임, 슬로건 등으로 구성된다.

마지막으로 브랜드 구동이 있다. 블로그라는 비즈니스 플랫폼에 설계되고 정의된 브랜드를 표현하라. 브랜드 가치는 블로그 이름, 메뉴, 운영자 프로필, 포스트(블로그 글) 등에 다양한 모습으로 구현된다.

구간4. 비즈니스 모델 구상(Business modeling)

블로그를 오픈하고 정보상품에 대한 설명과 신청방법, 가격표 등을 상세하게 써 올린다. 책과 같은 정보상품은 대형서점 등 유통망을 통해 판매되므로, 책에 대한 간략한 정보와 링크 주소를 올리는 정도면 되지만 워크숍이나 세미나, 특강 등 노하우를 직접 전수하는 상품은 진행하기 버겁지 않을 만큼 인원을 제한하는 지혜가 필요하다.

블로그를 통해 당신이라는 인포프래너 브랜드를 구현하는 것과는 별개로 그 브랜드로 서비스되는 정보상품들에 대한 임상작업을 계속해야 한다.

이 과정에서의 경험은 정보상품을 수정·보완하는 매우 중요한 자료가 된다. 이 과정을 반복하고 정보상품을 자주 수정·보완할수록 고객의 만족도는 높아진다. 집에서든 다른 곳에서든 비즈니스를 전개할 공간과 연락처 등이 정해지면 구간3에서 정리한 브랜드 가치를 토대로 명함을 제작한다.

이때부터 본격적으로 블로그를 포스팅해야 한다. 오픈한 지 얼마 안 되는 블로그이므로 내용이 많지 않아도 양해되는 사안이라고 생각할 수 있지만, 고객의 입장에서는 기다려줄 이유가 없다. 클릭 한 번이면 얼마든지 다른 곳으로 건너갈 수 있다.

오픈하기 전 블로그를 비공개모드로 설정한 뒤 포스트를 자주 올려두는 것이 좋다. 그래야 고객 입장에서 당신의 블로그에 자주 찾아올 이유와 명분을 갖게 된다.

구간 5. 시작(Just launch)

자, 비록 명함 한 통에 블로그만으로 오픈하는 인포프래너 비즈니스지만 사업 개시를 선언하고 비즈니스를 시작한다. 소박하게 시작해 혼자 천천히 자유롭게 전개하는 인포프래너 비즈니스인 만큼 그에 걸맞은 프로그램으로 오프닝 행사를 하는 것이 좋을 듯하다.

인포프래너 비즈니스는 매장을 갖추거나 사무실을 오픈하는 등 눈에 보이는 비즈니스가 아니기 때문에 당장 비즈니스가 활성화되지 않을 가능성이 높다.

우선 인포프래너인 당신과 당신이 서비스하는 정보상품에 대해 널리 알리고 신뢰를 얻는 과정을 거쳐야 비로소 비즈니스가 시작된다고 볼 수 있다. 이 과정을 대폭 줄여보겠다는 의도에서 비용을 들여 과도한 홍보나 마케팅을 전개해도 비용대비 효과를 보기는 어렵다. 오히려 마케팅플랫폼인 블로그를 진득하게 운영하는 것이 가장 빠른 길이다.

블로그를 통해 보여주는 인포프래너의 신뢰와 가치가 전부인 비즈니스이므로, 신뢰와 가치가 예비고객에게 전달되고 예비 고객의 내부에서 숙성되기까지는 시간이 좀 필요하다.

인포프래너가 갖춰야 할
비장의 원천기술

새로운 천년이 시작될 무렵, 미국의 한 TV프로그램에서는 '과거 1,000년 동안의 사람들 중 현재 우리 삶에 가장 큰 영향을 준 100인'을 선정해 발표했다. 미국 내 유명 교수와 저명인사가 참여한 작업으로 상위 열 명은 갈릴레이, 코페르니쿠스, 아인슈타인, 구텐베르그, 마르크스, 콜럼버스, 셰익스피어, 다윈, 루터, 뉴턴이었다.

이 기라성 같은 위인들 가운데 영예의 1위는 누구였을까? 그는 바로 구텐베르그, 인쇄활자를 발명한 사람이었다. 인류에게 지대한 영향을 미친 나머지 아홉 명의 업적을 기록하고 전승하도록 만들어준 사람이다. 오랫동안 사회는 토지나 시설, 기계와 도구 같은 생산수단의 소유 여부로 자본가와 노동자가 분류되어 왔다. 오직 노동력뿐인 노동자들은 평생 일해도 자본을 갖기 힘든 폐쇄적인 구조였으므로, 자본가를 꿈꾸는 것조차 허용되지 않았다. 태어날 때 주어진 운명의 삶을 평생 살아야 했다. 다른 삶은 상상조차 할 수 없었다. 하지만 지금, 그리고 앞으로 전개될 지식경제시대에는 전혀 다른 생산수단을 필요로 하며, 이를 통해 자신의 삶을 바꿀 수 있다. 이 수단은 정보와 지식을 창조하는 수단이며, 그 핵심은 글로 표현된다.

먼저 리터러시 역량을 키워라

미래학자들에 따르면 지금 대학생들은 평생 직업을 대여섯 번씩 바꾸며 살 것이라고 한다. 그렇다고 전공을 미리 대여섯 개씩 해둘 수는 없지만, 자연과학과 인문학의 기초를 잘 다져두면 인생의 고비마다 새롭게 공부해 새 직장을 얻을 수 있다는 것이다. 이화여대 최재천 교수는 새롭게 공부할 수 있는 능력을 수학능력(修學能力), 즉 '수능'이라고 한다면서, 이다음에 그나마 잇몸이라도 쓰려면 우리 모두 수능을 제대로 갖춰야 한다고 말했다. 옥스퍼드나 하버드 같은 세계적인 명문 대학들이 수백 년 동안 전공에 상관없이 한결같이 인문학과 자연과학의 기초를 가르치는 까닭이 여기에 있다면서 말이다.

그런데 대여섯 번씩은커녕, 단 한 번이라도 내가 하고 싶은 일을 하며 살려고 해도 영 버거운 당신은 이 시대와 사회가 요구하는 새로운 것을 배우고 받아들이는 수학능력이 어느 정도 되는가?

원하는 것은 무엇이든 가능하고 필요한 것은 어떤 것이든 문제없는 그런 수학능력을 기르는 데 필요한 원천기술, 당신의 리터러시 지능은 어느 정도인가? 옥스퍼드나 하버드 같은 세계적인 명문 대들이 수백 년 동안 전공에 상관없이 한결같이 지옥의 읽고 쓰기 훈련을 시키는 까닭이 여기에 있다. 인포프래너로 살겠다는, 아직 젊은 당신이라면 다른 어떤 준비보다 먼저 내 것으로 만들어야 할 역량이 있다. 내가 LQ(Literacy intelligence Quotient)라고 이름 붙인 '리터러시 역량'이다.

리터러시란 단순히는 '읽고 생각하고 쓰는 능력'이지만 평생학습에 대한 OECD 검토 사업에 정의되기로는 산문 문해력, 문서 문해력, 수리능력, 컴퓨터 활용 능력, 문제해결 능력 및 분석적 판단력, 협동심, 커뮤니케이션 능력까지를 포괄한다. LQ에 대해 쓴 책 《읽고 생각하고 쓰다》에서 나는 LQ란 이 시대가 요구하는 인재로 주도권을 쥔 삶을 살기 위해 어떤 역량보다 중요하고 필요한 역량임을 강조했다. 잘 읽고 잘 생각하고 잘 쓸 줄 아는 이 능력은 세상이 탐내는 남다른 가치를 쏟아내고, 이 같은 창조력은 성공에 대한 원천적인 능력임을 강조하고 또 강조한다.

2018년, 베이비부머의 대표주자 격인 이른바 '58년 개띠'들이 본격적으로 은퇴를 하기 시작하면서 일간지들은 연일 은퇴자의 삶에 대해 대서특필한다. 자료에 따르면 국내 자영업자수는 560만 명을 정점으로 지속적으로 줄어드는 추세를 보인다. 이러한 추세에 대해 한 경제전문지에서는 이와 관련해 이렇게 해석한다.

'너도나도 손쉽게 창업할 수 있는 업종을 택하다 보니 더 힘든 삶을 살 수밖에 없다는 것을 국세청의 생활밀접 자영업자 전수조사는 여실히 보여주고 있다. (…) 한국의 퇴직 및 실직자들이 새롭게 뛰어드는 자영업은 멕시코 수준이다.'

내게 상담을 청하는 이들을 통해 이미 간접적으로나마 경험하는 터라 이런 소식을 접하는 것만으로도 안타깝기 그지없다. 그래서 나는 현업에 있는 사람들 누구를 만나든 책을 쓰거나 책 쓸 준비를 하며 살라고 강권한다. 언제가 되던 맞이해야 할 은퇴 후의 삶을 대비하는 차원에서 한 분야의 전문가로서의 위상을 대외에 단번에 떨치는 방법으로 책을 내는 일보다 나은 게 없음을 잘 알기 때문이다. 그런데 이 일은 생각보다 쉽지 않다. 칼럼 한 편으로 자신의 메시지를 조목조목 주장해본 적도 없는데 단번에 책을 쓰는 일이 어찌 쉽겠는가. 그래서 고개부터 내젓는 사람들이 많다. 하지만 나 역시 쉽사리 권유를 거둬들이지 않는다. 너도나도 손쉽게 하기 쉬운 그런 일이었다면 책을 갖는 것이 평생현역을 위한 보루가 되어줄 리 없다.

평균을 계산해보니 은퇴 후에 남는 시간은 10만 시간이라 한다. 말콤 글래드웰은 자신의 저서 《아웃라이어》에서 1만 시간을 투입하면 무엇이든 할 수 있다고 했다. 은퇴 전후 1만 시간을 능수능란하게 글을 쓸 수 있도록 투자하면 어떨까? 그리고 남은 9만 시간은 그 성과를 누리며 사는 것은 어떨까?

정석희 씨는 1997년 외환위기로 '평생직장'이라 믿어 의심치 않던 직장을 별안간 떠난 뒤 수년마다 한 번씩 책을 내고 있다. 실직 후 동료들과 함께 매달 한 번씩 절집을 찾아다니며 마음을 다스렸고, 그 경험은 《10년간의 하루 출가》라는 제목으로 출간됐다. 이후 외손주 둘을 키워낸 경험은 《네가 기억하지 못할 것들에 대해》란 제목의 책으로 공개됐다.

"나는 좀 다른 맥락에서 내 인생을 바라봅니다. 1997년 외환위기 때 은행 지점장으로 명예퇴직한 다음 나는 나 자신을 '글 쓰는 사람'으로 생각하고 살아왔어요."

글 쓰는 사람, 글을 쓰려고 하는 사람, 글을 쓸 줄 아는 사람에게는 삶의 단면이 하나도 버릴 것 없는 글감이다. 무엇에 대해 쓸 것인가는 중요하지 않다. 정작 중요한 것은 그것을 바라보는 각도, 즉 바라보는 방법이다. 그리고 거기에 대한 세밀한 느낌을 포착해 표현하기다. 그러므로 생각대로 글을 쓸 줄 안다는 것은 차라리, 자유다.

가장 똑똑한 중년의 뇌를 만드는 글쓰기

쓰기를 정신건강치료요법의 하나로 도입한 텍사스대학교의 페니 베이커 박사는 IT분야에서 일하다 해고된 중년의 남자들에게 창의적인 글쓰기를 하게 했다. 그랬더니 이들 가운데 52%가 8개월 만에 재취업에 성공했고, 창의적 글쓰기를 훈련하지 않은 이들은 20%만이 새 직장을 얻게 되었다고 한다. 이 자료를 접하고 창의적인 글쓰기를 훈련하는 것이 중년 남자들의 지성에 불을 붙였구나 싶었다.

《가장 뛰어난 중년의 뇌》라는 책에서 뇌과학자 바버라 스토로치도 한 사람의 일생에서 중년에 가장 똑똑한 뇌를 갖는다고 말한다. 그에 따르면 중년의 뇌가 가장 두각을 드러내는 부분은 판단력·종합능력·직관력·통찰력·어휘력 등이라고 한다. 가끔 중고등학교의 교과서를 보면 그때는 너무도 어려웠던 개념이나 내용이 오히려 지금 쉽게 이해되기도 하는 것이 바로 이런 이유 때문이다.

중년의 뇌는 젊은 뇌보다 신속하게 요점을 이해하고 논의의 핵심을 파악한다고 한다. 그는 '지각 속도'와 '계산 능력'을 제외하고 '어휘' '언어기억' '공간정향' '귀납적 추리'에서 최고의 수행 능력을 보인 사람들의 나이는 40~65세였다고 전한다. 나는 바버라 스토로치의 주장을 경험으로 지지한다. 사실 나는 마흔이 되기 전, 그러니까 책을 쓰기 전만 해도 굉장히 우뇌적인·충동적이고 산만하며 감정적인 편이었다. 그런데 마흔 살부터 책을 쓰며 사는 동안 나의 뇌가 판단력, 종합능력, 직관력, 통찰력, 어휘력을 맘껏 발휘하도록 '의도적으로 훈련'된 셈이다. 전혀 의도하지 않은 채로 말이다. 덕분에 나는 책을 쓰며 살기 시작한 마흔 즈음부터 똑똑하다는 소리를 더러 들어왔다. 이 책에는 그 이유가 잘 설명되어 있다. 책을 쓰는 나에게 신경전달물질인 미엘린(Myelin)이 계속 증가했으며, 긍정적인 자극에 더 반응하는 편도(Amygdala)의 도움으로 나의 뇌는 책을 쓰면 쓸수록 더 잘 쓰게 되는 긍정성을 확보했다. 특히 책을 쓰기 위해 좌뇌와 우뇌를 동시에 사용해 버릇한 덕분에 뇌가 갈수록 더욱 튼튼해졌고, 더 많은 힘을 동원하고 신경의 더 많은 즙을 짜내 안 될 일도 되게 했다.

바버라 스토로치는 중년의 뇌가 가장 뛰어난 포인트는 핵심을 꿰뚫어볼 줄 아는 것이라고 강조한다. 그래서 그간의 오해와 편견을 뒤집고 나이를 먹어갈수록 더 똑똑하고 더 침착하고 더 행복할 수밖에 없다는 것이다.

이 책을 읽으며 나는 뇌에 잔뜩 존경심을 품었다. 그리고 더욱 자신만만하게 LQ를 향상하자고 주장할 수 있게 되었다. LQ를 훈련해 자유자재로 생각을 표출하고 그로써 소통할 수 있게 되면, 생각한대로 상대에게 영향을 미칠 수 있게 되기 때문이다. 결국 글을 쓸 줄 안다는 것은 무슨 생각을 하고 있는지, 그 생각을 명료하게 전달할 줄 안다는 뜻이다.

더욱이, 당신이 아직 젊다면 100세까지 사는 동안 몇 번이고 직업을 바꾸게 될 것이다. 매번 그 직업에 맞는 준비를 하기는 현실적으로 힘들다. 새로운 것을 접하고 받아들여 응용할 수 있는 학습능력이 중요해질 것이다. 이 능력이 바로 LQ다. 일생에 여러 번 직업을 바꾸기는커녕, 단 한 번이라도 내가 하고 싶은 일을 하며 살려고 해도 영 버거운 사람이라면 한번 생각해보자. 당신은 시대와 사회가 요구하는 새로운 것을 배우고 받아들이는 수학능력이 어느 정도인가? 원하는 것을 가능하도록 하는 수학능력을 기르는 데 필요한 원천기술, LQ는 어느 정도인가?

꿈과 야성을
회복하는 시간

"책을 한 권 가지면 평생현역이 되는데 큰 도움이 될 것 같습니다."

50대 중반이 되도록 대기업이며 중소기업이며 좋은 자라는 다 골라 앉아본 은퇴 직전의 함만수 선생님은 책쓰기 코칭 첫 만남에서 무슨 일이 있어도 책부터 쓰고 말 것이라며 기염을 토했다. 언제부턴가 55세 혹은 55년생, 그 전후의 연령대인 4050세대들이 책쓰기 코칭을 청하는 경우가 부쩍 늘었다. 함만수 선생님은 이대로 은퇴해 좋았던 날을 추억하며 살기에는 너무 젊고, 많은 세월이 남아 있다면서 새 출발을 하겠노라는 의지를 불태웠다. 또 재활에는 경력 위주의 이력서보다 전문적인 책을 한 권 갖는 것이 훨씬 유리하다는 생각에서 나를 찾았다. 내심 올 것이 왔다 싶었던 건 2, 3년 전부터 이 세대를 대상으로 한 강연이나 워크숍 요청이 부쩍 늘어났기 때문이다.

처음엔 참 설렜다. 다른 어떤 연령대보다 혹은 어떤 환경의 이들보다 이 세대의 책쓰기에 대한 갈망이 드높으니 그만큼 책쓰기에 몰입하는 정도가 다른 세대보다 훨씬 대단하리라 생각했기 때문이다. 책쓰기를 그저 좀 더 나은 스펙의 하나로 인식하고 들입다 달려들었다가 베껴 쓰기와 과제만 '성실히' 해내고는 됐다며 돌아서버리는 2030에 질려버린 뒤였다. 한마디로 4050세대는 산전수전공중전 다 겪고 살아남은 초원의 강자라고 믿어 의심치 않았다.

그런데 스펙에 목을 매기는 이들도 2030세대 못지않았다. 2030세대가 취업에 전직에 승진에 대비해 토익, 자격증, 인턴경력, 봉사활동, 어학연수, 외모성형 같은 스펙 종합세트에 치중한다면, 4050세대는 무슨 과정이니, 연수니 하는 프로그램에 돈과 시간을 적절히 분배하며 스펙을 보완했다. 그러니 책쓰기 코칭도 그런 과정의 하나로 섭렵할 뿐, 책을 갖겠다는 진정성이 없음을 알아차리는 데는 그리 오래 걸리지 않았다. 이들의 책쓰기 도전 또한 내가 부과하는 과제들만 '성실히' 해내는 것으로 그만이었다.

초식동물의 습성을 버리고 야성을 찾아라

이런 사람들과 만나고 헤어지는 일을 되풀이하는 동안 참으로 서글펐다. 자의든 타의든, 싫든 좋든 조직을 떠나 개인으로 살아내야 하는 은퇴자들이 조직에서 보호받던 습성을 버리지 못하고 스펙을 쫓아다니는 것은 초식동물들이 굶주린 포식자의 공격을 피해 어떻게든 무리지어 살려는 것과 같다는 생각이 들었다.

만일 당신이 '은퇴'라는 단어와 무관하지 않다면, 나아가 인포프래너라는, 지금까지와는 다른 삶을 꿈꾼다면 당신이 가장 먼저 해야 할 일은 쥐 한 마리를 치열하게 공격하는 건기의 사자와 같은 힘을 되찾는 것이다. 은퇴기라는 건기를 견디고 살아남기 위한 힘, 즉 야성을 회복하는 것이다. 이를 위해서 해야 할 첫 번째 일은 포식자의 공격을 피해 무리지어 살려는 초식동물의 습성을 버리는 것이다. 그런 연후에 잃어버린, 혹은 잊어버리고 살았던 야성을 회복해야 한다.

어떻게 해야 초식동물의 습성을 버릴 수 있을까? 그 방법을 스타벅스의 창업자이자 CEO인 하워드 슐츠 회장에게 배워보자. 슐츠 회장은 경영일선에서 물러나 있다가 가속되는 침체위기를 타개하기 위해 2008년에 복귀했다. 돌아온 그가 맨 먼저 한 일은 일시적으로 미국 전 매장의 문을 닫고 바리스타들을 대상으로 행한 에스프레소 교육이었다. 그로 인한 손실이 얼마나 클지 뻔했지만 고객들이 스타벅스를 찾는 이유는 커피에 대한 새로운 경험 때문임을, 스타벅스의 커피가 제 맛을 내지 못하면 고객은 다시 찾을 이유가 없음을 누구보다 잘 알기 때문에 내린 극단의 조치였다.

이 휴지기 이후 스타벅스는 초기의 명성을 되찾았다. 슐츠 회장은 짧은 시간이나마 전환기를 가짐으로써 본래의 노선을 다시 달릴 수 있도록 한 것이다. 당신이 초식동물의 습성을 벗어버리는데도 이러한 휴지기가 반드시 필요하다. 배가 거친 파도와 싸우며 수

년간 항해하고 난 뒤에는 독(Dock)에 들어가 배 전체를 점검하고 정비를 한다. 바로 이런 시간을 당신도 가져보라는 제안이다.

늑대와 개의 시간

완전히 어두워지지는 않은, 그러나 충분히 어두워져 등성이에 서 있는 짐승이 늑대인지 개인지 분간이 되지 않는 그런 시간대. 프랑스 사람들은 이를 두고 '늑대와 개의 시간'이라 부르길 즐긴다. 이 시간이 지나 어둠이 완연해지면 늑대도 개도 그 습성이 완연해질 것이다. '늑대와 개의 시간'은 어둠이 완연해질 때를 대비해 힘을 길러야 한다는 비유로 흔히 사용된다.

지난 2012년은 다산 정약용 선생이 탄생한 지 250주년이 되는 해였다. 유엔 산하의 교육과 문화 과학 기구인 유네스코에서 관련 기념일로 지정해 지구촌이 함께 기렸을 정도였다. 이와 관련해 유네스코 홈페이지에는 다산 선생의 다양한 업적이 소개되어 있는데, 18년간 정치적 귀양살이를 하며 수많은 책을 저술했다는 업적이 두드러져 보인다. 정약용 선생처럼 '늑대와 개의 시간'을 잘 보낸 이도 없을 듯하다. 지난날 놓치고 살아온 당신의 꿈과 야망을 회복하는 데도 '늑대와 개의 시간'이 필요하다.

누구라도 그러하겠지만, 떠올려보면 내가 지나온 시간들은 언제나 격변기였다. 늘 힘들었고 늘 마지막인 듯 혹은 처음인 듯 혼란스러웠다. 그럴 때 나는 그 자리에 멈춰 서서 시간을 벌곤 했다. 그러고는 생각했다. 이 시간이 지나고 나서 무엇을 가장 후회할까,

지금 무엇을 하면 그 후회를 미리 만회할 수 있을까 하고. 그 하나를 찾아내 몰입하곤 했다. 그러다 보면 혼란도 상처도 후회도 염려도 잊어버린 채로 다른 시간을 맞이하곤 했다.

내가 맨 처음 멈춰서기를 시도한 것은 대학교 2학년 겨울방학 때였다. 공부도 연애도 시들해진 그때, 무엇을 하며 이 시간을 보내야 후회하지 않을까 생각했다. 생각 끝에 대하소설들을 키 높이만큼 쌓았다. 《장길산》《임꺽정》《토지》…. 한창 연재 중이던 《태백산맥》, 도스토옙스키, 톨스토이, 체호프, 황순원, 김동리, 오정희, 미국 현대소설들까지. 국문과 학생에게 고전 독파는 체증 같은 것이었는데, 그것들을 한 권씩 독파하며 지나온 그 시간이 내게 '늑대와 개의 시간'이었음을 알게 된 것은 사회생활을 하면서였다. 지금 나의 전 작업에 걸쳐 두드러지는 문학적 감수성은 국문과를 나와서가 아니라, 그 당시 읽어낸 작품들 덕분임을 자타가 공인한다. 이후로도 여러 번 '늑대와 개의 시간'을 보냈다.

마흔 살 무렵, 무단결근이라는 지극히 몰상식한 방법으로 다니던 회사에서 탈출을 감행한 나는 이후 어떻게 살아야 할지 참으로 막막했다. 아마 그와 같은 막막함과 절망감 그리고 두려움 때문에 많은 이들이 완벽한 계획을 앞세우기 마련인가 보다. 그런 마음으로 출판기획이라는 일을 시작했고 성과와 좌절을 맛보며 버둥대던 어느 날, 서울을 버리는 극단적인 방법을 택했다. 자유롭기는 하지만 혼자서 일을 한다는 것이 몹시도 외로웠고, 그때까지 격렬하게만 살아온 터라 일하는 것에도 질려버렸기 때문이다. 무엇보다 더는 내 실력을 제대로 발휘하지 못할지 모른다는 생각이 들면서 진이 다 빠진 느낌에 사로잡혔다. 그래서 확인해보고 싶었다.

"만일 일하지 않고 살 수 있다면 일을 계속하지 말라는 하늘의 뜻일 것이다. 그러니 일을 하지 말아보자."

서울을 버리고 찾아간 곳이 반도의 땅끝이었다. 이곳에서 읽고 쓰기만을 들이팠다. 일을 하지 않으니 할 수 있는 것이라고는 읽고 쓰기밖에 없었다. 그렇게 몇 년의 시간이 지난 뒤 인포프래너로 재활했다.

그 시간들을 돌아보면 멈춤의 시간은 그저 멈춰 있는 게 아니라 씨앗처럼 땅속에서 썩어 새로운 생명력으로 충만한 도전의 기회를 부여했음을 알게 된다. 이런 경험이 얼마나 유용한가를 명쾌하게 정리해준 사람이 있다. 일본에서 유명한 코칭심리학자인 히라모토 아키오 선생이다. 그는 인생에는 크게 두 가지의 시간이 있다고 한다. 그는 인생을 성공과 성장의 시기로 크게 나누는데, 성공의 시기는 성과를 올리고 적극적으로 발산해가는 시기이며, 성장의 시기는 일어난 일의 의미를 파악하고 그 의미를 받아들이는 시기라고 한다.

인포프래너, 그 빛나는 성공의 삶을 위해 한동안은 발판이 되는 성장의 시간을 꼭 가지기를 권한다. 나처럼 극단적이지는 않더라도 인포프래너의 출발에 앞서 '썩는 시간' 가져보았으면 한다. 그 시간 동안 무엇을 하든, 또 하지 않든 그것은 전적으로 당신의 자유다. 하지만 이 책을 쓴 저자로서 권하기로는 읽고 생각하고 쓰기

를 훈련하는 것이다. LQ는 필요하다고 해서 바로 충족되는 역량
이 아니기 때문에다.

살아갈 날에 대한 번민으로 현실이 버거운 당신이지만, 자신만
의 '개와 늑대의 시간'을 보내고 나면 인포프래너로서 당신의 출발
이 확연히 앞당겨질 것이다. 한발 앞서 경험한 덕분에 당신도 반드
시 그러하리란 것을 확신한다.

최고의 다이아몬드로 거듭나기를

오드리 햅번을 세기의 배우로 만들어준 것은 미국 뉴욕 5번가
의 티파니 매장이다. 이 매장이 등장하는 영화가 그 유명한 〈티파
니에서 아침을〉이다. 티파니는 200년 가까이 럭셔리 주얼리 브랜
드의 정상을 지켜오고 있다. 티파니에서는 전 세계의 1%도 채 되
지 않는 최상급의 다이아몬드를 선별해 최종 상품화하기까지 무
려 21단계의 공정을 거친다고 한다. 이렇게 탄생한 다이아몬드이
기에 티파니의 다이아몬드 결혼반지는 여성들의 로망 중의 로망
이다. 티파니 측에 따르면 최상의 광채가 나는 다이아몬드를 위해
원석의 절반 이상을 커팅하는 손실도 기꺼이 감수한다고 한다. 세
계 최고의 자리는 바로 이 과감한 커팅 공정에 있다는 것이다.

지금까지 오랜 시간 경험과 재능과 전문성으로 단단히 굳어진
원석 상태의 당신을 찬란한 광채를 가진 다이아몬드로 가공하는
방법을 전했다. 다이아몬드의 값어치가 커팅으로 완성되듯 당신
또한 최고의 인포프래너가 되려면 7분면의 커팅 요소를 갖춰야

한다. 이를 위한 지혜와 지식, 기술 또한 안내했다. 여기에 당신만의 커팅이 추가될 수 있다. 어떤 이는 티파니처럼 더욱 과감히 커팅해 특별한 다이아몬드를 만들어낼 수 있을 것이다. 아니, 이러한 작업이 반드시 보태져야 세상에 둘도 없는, 감히 그 누구도 넘볼 수 없는 최고의 다이아몬드로서 오랜 기간 정상의 자리를 구가할 수 있다.

1분면 : Identity 인포프래너 주제파악전략

2분면 : Audience 인포프래너 고객전략

3분면 : Distinguish 인포프래너 매력전략 – 왜 하필 나여야 하는가

4분면 : Merchandising 인포프래너 상품전략 – 나는 무엇을 파는가

5분면 : Operation 인포프래너 비즈니스전략 – 홀로 천천히 자유롭게

6분면 : Nudge 인포프래너 소통전략 – 친구라면 팔꿈치로 툭툭

7분면 : Desire 인포프래너 미래전략

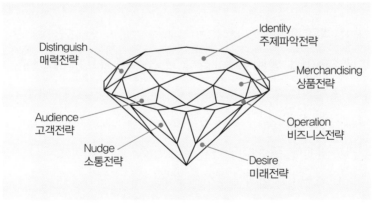

인포프래너 다이아몬드 전략

인포프래너가 된다는 건

영화 〈파퍼씨네 펭귄〉에서 짐 캐리는 오래된 건물을 싸게 사들여 리뉴얼한 다음 비싸게 되파는 일로 뉴욕에서 성공한 인물이다. 그의 사업적 성공을 부추기기도 하고 가로막기도 하는 사람은 오래된 건물의 주인이다. 대개 오래된 건물의 주인은 만성적자가 나는 건물인데도 선뜻 팔려들지 않는다. 건물이 오래된 만큼 그들 또한 나이가 꽤 많은데, 건물을 팔아버리면 그날로 은퇴자로 살아야 하는 게 두려워 적자를 끌어안고 끙끙대는 것이다.

파퍼를 연기하는 짐 캐리는 그들이 바라는 은퇴 후의 삶이 가능하다는 황홀한 비전을 보여주며 하루라도 빨리 은퇴할 것을 종용한다. 영화를 보면서 웃음이 났다. 나 역시 짐 캐리처럼 만나는 사람마다 빨리 현업에서 은퇴하라고 부추기기 때문이다. 인생에서 남은 트랙의 절반은 잘하는 것을 하며 제대로 대우받으며 살아보자면서 말이다. 우리 생에 아직 화려한 날은 오지 않았으니 그날들을 저만치 앞서가 맞아들이자고 말이다.

미국의 종교계 지도자 빌리 그레이엄 목사는 2010년 가을, 93

세의 나이에 30번째 책을 펴냈다. 제목은 《홈을 앞두고》다. 여기서 홈이란 야구 경기의 홈베이스를 말하는데, 이 책의 제목으로 사용된 홈은 어릴 때 야구선수가 되고 싶었던 그의 평생을 간직한 꿈-홈런을 치고 의기양양하게 홈으로 들어오는 타자-을 상징한다고 한다. 그레이엄 목사의 책에 이런 구절이 있다고 신문에서 소개한다.

"나는 내가 어떻게 죽느냐는 배웠지만, 어떻게 늙을지에 대해서는 배운 적이 없다."

이 구절을 대하고 나서 나는 우쭐해졌다. 인포프래너로서 나는 지금 아주 잘 나이 들고 있다는 생각이 들어서다. 책쓰기를 코칭하는 인포프래너로 일하며 누군가의 남은 반평생을 이전보다 훨씬 의미 있게 만들 수 있도록 돕고 있기 때문이다. 이렇게 누군가에게 보탬이 되어주면서 수입원을 유지하고, 그러는 한편 어린 시절부터의 간직해온 작가에의 꿈을 실현하며 독자의 마음에 호소하고 소통하는 글들을 한 자 한 자 써가고 있다. 비록 어떻게 늙을지에 대해 배운 것은 아니지만 배우지 않았어도 잘 늙어가고 있다고 자부한다.

지난 16년 동안 인포프래너로 살면서, 인포프래너로 살라는 권유를 해오면서 느낀 것이 있다. 인포프래너로 사는 것은 좀 더 좋은 사람으로 살 수 있는 길이라는 깨달음이다. 이런 깨달음을 얻게 되자 다시 궁금증이 일었다. 이렇게 나이가 들어간다면 100살 무렵 나는 얼마나 더 좋은 사람이 되어 있을까? 얼마나 더 유능한 책 쓰기 코치가 되어 있을 것이며, 얼마나 많은 이들에게 인포프래너의 삶을 권유하고 있을까?

새로운 프로페셔널, 인포프래너

신문을 펼칠 때마다 '1,000명 감원' '500명 은퇴'하는 소식이 몰려나온다. 그 자체로 암울한 기사인데, 하루아침 이러고 말 일이 아니고 특정 지역에서 잠시 일어나는 일도 아니라는 데서 더욱 절망하게 된다. 앞으로도 계속 비즈니스 세계에서는 지속적으로 구조 조정을 할 것이다. 그리고 우리는 뜻했든 아니든 준비를 마쳤든 아니든 상관없이 직장 문을 나서야 하는 순간을 맞이한다. 조만간 정규직과 비정규직의 구분이 사라질 정도로 대다수의 사람들이 비정규직으로 일하게 될 것이다.

나 역시 16년 전 내 발로 직장을 걸어 나온 이후로 비정규직을 계속하고 있다. 그 이전에 고용되어 일하면서도 정규직이라는 생각을 하지 않았다. '나는 특정 프로젝트를 위해 이 기업과 계약했다'고 생각하며 일했다. 길게 또 짧게 계약기간 동안 일하면서 능력을 키웠고 커리어를 쌓았다. 그런 마인드 덕분에 본격적으로 홀로 섰을 때 나는 그리 서럽지 않았다. 어제까지 다니던 회사의 인트라넷에 오늘 무심코 접속했다가 로그인을 거절당해도 그저 그러려니 했다. 나는 오래전부터 나 자신에게 고용되어 있었으니까. 해고라는 말은 내 사전에 없었으니까.

조사기관인 갤럽의 자료에 따르면 강점을 발휘할 기회를 지닌 사람들은 그렇지 않은 사람들에 비해 업무에 몰입할 확률이 6배나 높고, 훌륭한 삶을 살고 있다고 답할 가능성도 3배 이상 높다고 한다. 갤럽은 이 조사 결과를 바탕으로 강점을 발휘하고 일상의 작은 성공을 경험하는 것만으로도 우리는 더 많은 것을 배우며 행복하다고 말한다.

또한 갤럽은 사람들이 웰빙의 수준을 가늠할 때 직업이 미치는 영향력을 과소평가한다고 지적한다. 직업적 웰빙이 높은 사람들의 경우 인생 전반적으로 만족감을 누릴 확률이 그렇지 않는 사람보다 2배나 높다. 직업을 잃거나 1년 내내 실업 상태로 지낸다면 정체성을 상실하게 되어 위험한데, 심지어 개인에게 최악의 비극이 되는 배우자 사망보다도 장기간 실업상태일 때가 더 힘들다고 한다. 이 이유만으로도 당신이 인포프래너가 되어야 한다.

일본인들은 '신의 부름을 받은 자가 프로'라고 여긴다. 비록 밥벌이는 땅에서 하지만 그 자격증은 하늘에서 발부한다는 믿음이 있기 때문이라고 한다. 당신도 이제는 신의 부름을 받아들여라. 인포프래너가 되는 것이다. 당신이 인포프래너로 성장하는 동안 사회 역시 사회적 지위에 무조건적으로 권위를 주기보다 개인의 역량과 자질에 따라 권위가 인정되는 사회로 바뀌어 있을 것이다. 그렇게 되면 인포프래너로 사는 일은 더욱 수월해질 것이다.

이 책을 시작할 때, 이 책은 인포프래너가 되어 평생현역으로 살아가는 방법과 길을 알려주는 '내비게이터'라고 말했던 것을 기억하는가? 이제 그 안내를 종료할 때가 되었다. 이제 필요한 건 당신의 실행만 남았다.

나는 이 책을 쓰는 동안 나는 아주 강력한 느낌 하나 얻었다. 막연하게 인포프래너 인생 시즌 1을 마감한 듯한 예감이다. 그래서 지금 나는 블로깅을 하면서도, 강의를 하면서도, 책을 쓰면서도, 코칭을 하면서도, 또 독자의 부름에 KTX를 타고 오가면서도 자주 멈춰 서서 그 느낌을 살피고 있다. 우연히 시작된 시즌 1을 흔들리면서도 포기하지 않고 잘 해왔기에, 두 번째 시즌 또한 잘될 것이라 믿는다.

마지막으로 브라이안 와이스라는 의사가 썼다는 글을 전해주겠다. 이 책의 기둥이 되어준 다이아몬드에 대한 비유를 완성하는 글이라 더욱 마음에 와닿는다.

> 각 사람 안에는 모두 커다란 다이아몬드가 들어 있다.
> 그 다이아몬드에는 깎인 면이 수천 개 있는데
> 면마다 때와 먼지로 덮여 있다.
> 사람들의 차이란 닦여진 면의 수가 다른 것뿐이지
> 모든 다이아몬드가 다 같고 모든 다이아몬드가 다 완벽하다.
>
> 당신 내면의 다이아몬드를 빛나게 하는 것은
> 면마다의 때와 먼지를 닦아서 맑아지게
> 마침내 찬란한 무지개 색깔이 비칠 수 있도록 만드는 것이다.

'태양의 눈물'이라는 이름의 110캐럿짜리 다이아몬드는 물방울 모양을 닮아 그렇게 이름 지어졌다고 한다. 2011년 11월, 소더비

경매에 첫 선을 보인 이 다이아몬드는 약 124억 원에 새 주인을 찾았다고 한다.

　당신의 이름 석 자가 붙은 당신이라는 인포프래너 다이아몬드가 부디 제값을 받고 제 몫을 해내기를 간절히 기원한다.

2018년
복사꽃 필 무렵 송숙희

새우와 고래가 함께 숨쉬는 바다

내 인생 최고의 직업은?
-내가 찾은 평생직업, 인포프래너

지은이 | 송숙희
펴낸이 | 황인원
펴낸곳 | 도서출판 창해

신고번호 | 제2019-000317호

초판 1쇄 발행 | 2020년 09월 19일
초판 2쇄 발행 | 2021년 06월 19일

우편번호 | 04037
주소 | 서울특별시 마포구 양화로 59, 601호(서교동)
전화 | (02)322-3333(代)
팩스 | (02)333-5678
E-mail | dachawon@daum.net

ISBN 978-89-7919-597-2 03320

값 · 16,000원

ⓒ 송숙희, 2020, Printed in Korea

※ 잘못 만들어진 책은 구입하신 곳에서 교환해드립니다.

이 도서의 국립중앙도서관 출판예정도서목록(CIP)은 서지정보유통지원시스템 홈페이지(http://seoji.nl.go.kr)와
국가자료종합목록 구축시스템(http://kolis-net.nl.go.kr)에서 이용하실 수 있습니다.(CIP제어번호 : CIP2020035957)

Publishing Club Dachawon(多次元)
창해 · 다차원북스 · 나마스테